JN436681

거룩하고 아름다운 동행

네비게이토 선교회는
국제적이며 복음적인 기독교 기관이다.
예수 그리스도께서는 자기를 따르는 자들에게
"너희는 가서 모든 족속으로 제자를 삼으라"
(마태복음 28:19)는 지상사명을 주셨다.
네비게이토 선교회는 세계 모든 국가에서
예수 그리스도의 일꾼들을 배가시켜
이 지상사명의 성취를 돕는 것을
근본 목표로 하고 있다.

네비게이토 출판사는
네비게이토 선교회의 문서 선교를 담당하고 있다.
본 출판사에서는 그리스도인의 영적 성장을 돕는
서적과 자료들을 출판하여,
그리스도인의 삶의 기초가 견고한
헌신된 제자로 성장하게 하고,
나아가 성숙한 인격과 지도력을 갖춘
일꾼이 되도록 돕고 있다.

거룩하고 아름다운 동행

하 진 승

차 례

글을 시작하며

50년 전에 우리가 믿음으로 확신하고 주장하던 비전(vision)을 당시에 이야기하면 어떤 사람들은 감격하기도 하지만 어떤 사람들은 그것에 대해 믿지를 못했었습니다. 우리가 처음 선교를 시작할 때 함께 교제하던 어떤 형제는 얼마 동안은 큰 관심을 가지고 열심히 배우다가 어느 날 갑자기, "아무리 생각해도 당신들이 세계 비전(World Vision) 성취를 위해 선교를 한다는 것은 믿을 수가 없습니다. 의도하는 바는 놀랍지만 이렇게 빈약한 출발로 어떻게 그런 꿈을 이룰 수가 있겠습니까?"라고 우리의 믿음을 경시하는 이야기를 하며 교제를 떠난 적이 있었습니다. 그런데 50년이 지난 오늘날 한국 네비게이토는 우리 주님의 큰 은혜와 능력으로 미국 다음으로 스탭들이 가장 많은 네비게이토가 되었고, 2015년 12월

말까지 전 세계에 제자 훈련을 전문적으로 할 수 있도록 훈련받은 117명의 선교사를 파송했으며, 한국의 대부분의 주요 대학교에 들어가서 네비게이토 사역을 하고 있습니다. 또한 네비게이토 훈련을 받은 많은 형제 자매들이 각 직장과 지역사회에서 주위 사람들에게 열심히 복음과 하나님의 축복을 전하며 일꾼 배가의 사역을 하고 있습니다. 이러한 모든 과정이 여기에서 끝나는 것이 아니라 더욱 더 충만한 사역으로 세계 각 곳에서 발전해 나가리라고 확신합니다. 이렇게 되기 위해서 우리가 반드시 실천해야 할 매우 중요하고 핵심적인 사역 중의 하나는 맨투맨(man to man) 제자 훈련이라고 생각합니다. 그래서 맨투맨의 훈련 속에서 배우며 함께하는, 거룩하고 아름다운 동행의 교훈들에 대해 성경에 나오는 몇 가지 예를 가지고 50주년을 감사하고 기념하는 마음으로 말씀 묵상을 나누고자 합니다.

제 1 장

요나단과 병기 든 자

영적 리더(leader)와 팔로워(follower)의 맨투맨의 대표적인 예 중 하나는 사무엘상 14장에 나오는 요나단과 그의 병기 든 자의 관계입니다. 참으로 이 관계는 거룩하고 아름다운 동행이라는 제목을 붙일 만합니다. 1절에서 요나단이, "블레셋 사람의 부대에게로 건너가자!" 이렇게 그의 병기 든 자에게 말했습니다. 그리고 이후 6절에 보면, "우리가 이 할례 없는 자들의 부대에게로 건너가자. 여호와께서 우리를 위하여 일하실까 하노라. 여호와의 구원은 사람의 많고 적음에 달리지 아니하였느니라"라고 하였습니다. 모든 정황이 불가능하게 보이는 상황에서도 영적 리더에게 가장 필요한 것은 믿음입니다. 리더는 무엇보다도 믿음을 가져야 합니다. 여기에서 수없이 많은 블레셋 군대 앞에서 단 두 명이 가서 그들을 쳐부술 수 있다고 믿는 믿음은 과연 무엇 때문이었을까 생각해 봅니다. 첫째, 믿음에 있어서 매우 중요한 것은 원리적 확신입니다. 우선 요나단은 자신들이 할례받은 사람들, 즉 하나님의 선택받은, 하나님께 속한 사람들이라는 확신이 있었습니다. 이것은 하나님께서 이스라엘과 맺은 언약의 표징(창세기 17:10-14)을 가진 백성임을 믿는 원리적 확신이었습니다. 그리고 둘째, 요나단에게는 믿음의 경험적 확신이 있었습니다. 이와 같이 말씀에 의한 원리적인 확신이 있고, 아울러 그 확신을 삶에 적용하고 실천하여 경험으로 확증한 것이 있는 사람은 어떤 상황 속에서도, 비록 그것이 불리하거나 불가능하게 보이는 정황이라 할지라도, 확신을 가지고 나갈 수 있는 것입니다.

7절에 보면, 병기 든 자도 대단한 믿음의 사람이었습니다. 이렇게 단둘이 나가서 블레셋의 수많은 군사와 대적한다는 것은 상식적으로 불가능하게 보이는 것이었고, 더욱이 요나단은 그 아버지 사울 왕에게 자기가 수행하려고 하는 작전에 대해 아무 보고도 하지 않은 상황이었습니다. 그때의 지형을 보면 이편과 저편에는 아주 험한 바위가 있어 하나는 보세스라고 하고 다른 하나는 세네라고 하였는데, 이렇게 별도의 이름을 붙일 만큼 크고 험한 두 바위가 양쪽에 가로막고 있었습니다(사무엘상 14:4-5). 그래서 여러 다양한 퇴로가 없는 상태에서 싸움에 지면 죽을 수밖에 없는 아주 불리한 형세에서의 싸움이 되는 것이었습니다. 그런 상황 속에서도 병기 든 자는 그의 리더인 요나단에게, "당신의 마음에 있는 대로 다 행하여 앞서가소서. 내가 당신과 마음을 같이하여 따르리이다"라고 말하였습니다. '당신이 마음에 어떤 생각을 가지고 있든지 그대로 앞서가면 나는 망설임 없이 당신과 마음을 같이하여 따르겠다'라고 한 것입니다. 이것은 믿음 때문에 가능하게 된 완전한 한마음입니다.

그 상황에서 어떻게 이런 믿음의 한마음을 쉽게 가질 수 있겠습니까? 우리의 영적 지도자가 때때로 우리에게 그런 요청을 한다면 부정적인 생각이 먼저 들며 주저하지 않겠습니까? '이건 리더가 너무 무모한 것 아닌가?', '너무 일방적이다!' 등등. 이길 수 있는 가능성에 대한 어떤 구체적인 전략과 전술을 먼저 설명해 주거나, "좋은 방법은 아니지만 이 길밖에는 다른 방도가 없으니 할 수 없이 모험을 하자"라며 양해를 구하는 어떤 의사소통 하나 없이, "여호와께서 우리를 위하여 일하실까 하노라" 하는 신앙적인 주장만 있을 때, 우리는 어떻게 반응하겠습니까? 자신에게 같은 믿음이 없다면 그 지시를 따를 수 있겠습니까? 그러나 요나단의 병기 든 자는 요나단과 하나 된 마음으로 일치된 믿음의 태도를 보여 주고 있습니다. "당신이 앞서가면 나는 주저함 없이 한 마음으로 따르겠습니다"라고 하며 따라갔습니다. 그래서 14절에 보면, "반일경 지단 안에서 처음으로 도륙한 자가 이십 인가량이라"라고 했습니다. 반일경 지단이란 한 쌍의 소가 쟁기를 끌고 낮 시간의 절반 동안 갈 수 있는 넓이의 밭입니다. 그리 넓지 않은 면적입니다. 그 공간에서 두 명은 20명가량의 블레셋 군사를 도륙했습니다.

그리고 15절에 보면, 떨림이 있었다고 했는데 그런 떨림이라는 표현을 몇 차례 반복해서 하고 있습니다. 이는 하나님께서 도와주신 것입니다. 아마도 이 떨림이란 이 싸움의 상황을 보고 사람들이 너무 놀라서 갖게 된 두려움뿐만 아니라, 하나님께서 블레셋에게 부어 주신 큰 공포심이었던 것으로 생각됩니다. 게다가 또 땅도 진동했다고 한 것을 보면 분명히 큰 지진까지 일어난 것입니다. 하나님께서 요나단과 병기 든 자의 믿음대로 그들을 위해 일해 주신 것입니다. 블레셋 사람들은 모두 엄청난 공포에 사로잡혔습니다. 그래서 20절에 보면, 블레셋 사람들은 나중에 정신을 완전히 잃고 자기들끼리 죽였습니다. 그들이 그렇게 정신이 빠진 상태였기 때문에 요나단과 병기 든 자 두 명이 그 많은 블레셋 군사들을 물리치는 것은 생각보다 쉬운 일이 되었습니다. 그러므로 이 싸움은 두 사람의 싸움이라기보다 하나님의 싸움이었습니다. 리더의 믿음과 팔로워의 신뢰하고 따르는 순종이 이러한 놀라운 하나님의 역사를 일으킨 것입니다.

이것은 옛날의 전설 같은 이야기로 끝나는 것이 아닙니다. 현재의 우리에게도 일어날 수 있다는 확신을 우리가 말씀을 통해서 가져야 될 줄로 믿습니다. 요나단의 병기 든 자가 신실한 팔로워가 되지 못하고 만약 부정적인 생각을 가지고 있었다면, '야, 이 기회에 내가 왕자인 요나단에게 인정받는 것보다 왕인 사울에게 인정받는 것이 더 나에게 유익이 되지 않을까?' 이런 계산을 해보고, '내가 양심선언을 해야지!' 하는 생각을 할 수도 있었을 것입니다. 그러고는 왕 앞에 가서, "왕께 보고도 하지 않고 요나단 왕자가 이런 무모한 일을 단행하려고 합니다. 이것이야말로 하나의 자살행위와 같고 민족적 망신이 될 것이 분명한데도 이런 무모한 행동을 강요하니 왕께 고하지 않을 수가 없습니다. 그의 무모하고 사려 깊지 못한 행동을 멈추게 하여 주옵소서!" 하면서 자신이 매우 충신인 것처럼 말할 수도 있는 것입니다. 그런데 이 팔로워는 인간적인 식견으로 볼 때는 이해가 되지 않는 상황에서도 요나단이 믿음과 일치된 마음을 가지고 나아감으로 하나님께 영광을 돌리게 된 것입니다. 그들의 아름다운 동행으로 인하여 하나님께서 영광을 받으신 것입니다.

우리가 주님을 섬기며 나아갈 때 때때로 리더와 팔로워의 맨투맨 속에서 팔로워로서 이해가 되지 않는 일들이 있을 수 있습니다. 그럴 때 팔로워는 리더를 신뢰하며 배우고 훈련받고자 하는 믿음으로 마음을 같이하는 태도가 필요합니다. 그리고 리더는 이런 일에 있어서 확신 가운데 팔로워를 이끌어 가는 큰 믿음이 필요합니다. 리더 자신은 그런 믿음이 없으면서 자기의 팔로워에게는 믿음의 높은 수준을 요구한다면 그것은 하나님 앞에 매우 잘못된 태도입니다. 우리는 요나단과 병기 든 자의 맨투맨을 통해 리더로서 배울 점들과 팔로워로서 배울 점들을 찾아보고 개인적인 믿음의 적용을 해보면 큰 도움이 될 것입니다.

제 2 장

모세와 여호수아

여호수아는 모세의 시종이었습니다(출애굽기 24:13, 여호수아 1:1). 시종이란 단순한 하인이나 노예처럼 부림받는 신분이 아닙니다. 그는 눈의 아들로서 야곱의 손자인 에브라임 지파(민수기 13:8)의 한 사람으로 그 출신이 분명하기 때문에, 모세의 종자 또는 수종자(출애굽기 24:13, 33:11, 신명기 1:38, 민수기 11:28)라는 말은 천하게 부림받는 노비가 아니라 모세의 수족처럼 일하는 충성된 사람으로 모세의 임무를 공적으로 대행하는 신임받는 신분이었습니다. 오늘날로 말하자면 모세의 보좌관이었습니다. 그의 원래의 이름은 호세아였습니다. 바란 광야에서 모세가 여호와의 명을 좇아(민수기 13:1-3) 이스라엘의 각 지파 중에 족장 된 사람을 한 사람씩 뽑아 약속의 땅인 가나안을 탐지하러 보낼 때 모세는 에브라임 지파에서 뽑힌 눈의 아들 호세아를 여호수아라는 이름으로 개명하여 주었습니다(민수기 13:16). 호세아라는 이름의 뜻은 히브리어로 '구원'이고, 여호수아는 히브리어로 '여호와는 구원이심'이라는 뜻으로, 같은 '구원'의 의미에 '여호와'의 의미를 합하여 개명한 것은 그에 대한 모세의 개인적 관심이 특별한 것이었음을 느끼게 됩니다. 또 여호수아 입장에서는 부모로부터 받은 이름을 그대로 지키고 싶은 마음이 있을 수도 있었을 텐데 그것을 받아들인 것은 모세에 대한 존경심과 여호와의 의미가 이름에 들어가게 된 것을 기쁘고 감사하게 생각하는 신앙심이 크기 때문이라고 생각됩니다.

출애굽기 17:9에서 이스라엘이 르비딤에서 아말렉과의 싸움을 할 때 모세는 여호수아에게 이 싸움을 수행하라고 명령을 했습니다. 여호수아는 그의 이름을 바꿔 줄 때도 모세에게 순종했고, 죽을지도 모르는 전쟁에 자기를 내보내는 명령에도 주저함 없이 순종했습니다(출애굽기 17:10). 또 그의 리더인 모세는 여호수아에게 전투 명령을 내려 놓고 자기는 편안히 쉬고 있지 않았습니다. 모세는 하나님의 지팡이를 손에 잡고 산꼭대기에 서서 손을 들어 기도로써 전투에 함께 임했습니다(10-13절). 모세가 손을 내리면 이스라엘이 패하고 손을 들면 이스라엘이 이겼습니다. 모세의 팔이 피곤해지자 함께 동행한 아론과 훌이 돌을 가져다가 모세 아래에 놓아 그

위에 앉게 하고 모세 양편에서 모세의 손을 붙들어 올렸고, 그 손이 해가 지도록 내려오지 않게 되자 여호수아가 아말렉과 그 백성을 쳐서 파하게 되었습니다.

모세는 그의 팔로워인 여호수아를 아끼고 사랑하고 함께하며, 전쟁의 승패는 여호와께 달려 있는 것(출애굽기 14:14,25, 사무엘상 17:47 참조)을 잘 알고 있었기에 끝까지 기도로 하나님께 매달렸습니다. 그러므로 모세는 여호수아의 리더였을 뿐만 아니라 전우로서 함께한 것이었습니다. 바울도 복음을 위한 동역자들을 전투하는 군사로 언급한 것을 여러 말씀에서 찾아볼 수 있습니다(빌립보서 2:25, 디모데후서 2:3-4, 빌레몬서 1:2 등). 그러므로 우리는 리더이든지 팔로워이든지 함께 복음을 위한 군사 된 신분을 인식하고 모세와 여호수아가 수행한 역할처럼 충성스럽게 하나님의 약속을 위한 전우로서 함께 영적 전투에 임해야 합니다.

가나안 땅을 정탐하는 일을 마치고 돌아왔을 때에도, 여호수아는 다른 열 지파의 정탐꾼들과는 달리 갈렙과 함께 하나님의 약속에 대한 믿음의 시야로 올바른 보고를 하였는데, 다른 10명의 불신과 부정적 보고로 인하여 낙담한 백성들에게 돌로 쳐 죽임을 당할 뻔하였습니다. 그는 이런 험악한 분위기 속에서도 견고한 믿음으로 흔들리지 않는 믿음의 주장을 보고하며 백성을 격려했습니다(민수기 13:25-14:9). 이때 하나님께서는 백성들이 여호수아와 갈렙을 돌로 치려 하는 그 동시에 여호와의 영광이 회막에서 이스라엘의 모든 자손에게 나타나게 하심으로 위기를 면할 수 있게 해주셨습니다(민수기 14:10). 하나님께서는 그 완악하고 믿음 없는 백성을 전염병으로 쳐서 멸하려 하실 때, 모세의 간곡한 기도로 형벌은 면하게 되었으나(11-20절) 약속을 믿지 않는 그들은 약속의 땅에 들어가지 못하게 할 것이라고 말씀하셨고, 약속을 믿은 여호수아와 갈렙만 들어가게 약속해 주셨습니다(22-24,30절). 가나안을 정탐하는 일도 매우 위험한 일이었지만 믿음으로 충성하였고, 또한 돌아와서 믿음의 시야로 올바른 보고를 하는 것은 오히려 더 위험한 상황인데도, 여호수아는 갈렙과 함께 하나님의 약속과 함께하심을 믿음으로 인해 흔들림 없는 보고를 함으로 모세로 하여금 백성들을 하나님의 뜻에 맞게 이끌 수 있게 하는 데에 큰 믿음의 기여를 했습니다.

또 모세는 하나님의 말씀을 잘 기억하기 위해 기록하는 일을 했습니다(출애굽기 24:4). 그리고 그 기록한 말씀을 백성에게 가서 낭독해 주었습니다(출애굽기 24:7). 또 아말렉과의 전쟁에서 승리한 후에도, 출애굽기 17:14에 보면, 하나님께서는 모세에게 이 전승기를 책에 기록하여 기념하라 하셨고, 그뿐만 아니라 이 책을 여호수아의 귀에 외워 들리라고 하셨습니다. 여호수아는 이 전쟁에 직접 앞장서서 싸운 사람이라 전황에 대해서는 더 설명이 필요 없을 만큼 잘 기억하고 있었을 것입니다. 그러나 잘 생각해 보면, 여호수아는 산꼭대기에서 모세와 하나님과의 사이에서 어떤 일이 있었는지는 잘 몰랐을 것입니다. 그래서 산에서 있었던 일까지 잘 기록하여 만든 책을 통해 여호수아는 '아하, 이 전쟁은 나만의 전쟁이 아니라 여호와께서 친히 싸워 주신 것이었구나!'라고 사실을 깨닫게 되고, 또한 '그렇게 되기 위해 나의 리더인 모세가 이렇게 힘써 기도하셨었구나!'라고 분명히 알게 되었을 것입니다.

또 이 사실을 하나님께서는 여호수아의 귀에 외워 들리라고 하셨습니다. 귀에 외워 들리라는 것은 재미로나 추억거리로 지나가듯 말하는 것이 아니라 기억에서 사라지지 않도록 철저히 전달하여 암기하도록 하라는 것입니다. 왜 그렇게 했겠습니까? 여호수아는 장차 가나안을 정복할 모세의 후계자가 될 것이므로 하나님께서 이 모든 약속을 이루게 하시는 분인을 잘 알고 귀로 들은 것을 외워 잊지 않고 기억하게 함으로 하나님 말씀 중심으로 하나님의 약속을 성취하는 백성들이 되도록 이끌게 하기 위함인 것입니다. 그 후 여호수아가 이스라엘의 새로운 지도자가 되었을 때에, 여호수아 1장에서 하나님께서는 그에게 약속의 땅 정복을 위해 요단을 건너 이스라엘 자손에게 주는 땅으로 가라고 명령하시면서(2절) 또다시 말씀을 강조하십니다. 7절과 8절에서, 율법을 다 지켜 행하고 좌로나 우로나 치우치지 말라고 하시고, 또 율법책을 입에서 떠나지 않게 하여 밤낮으로 그것을 묵상하고 그 가운데 기록한 대로 다 지켜 행하라고 하시며, 말씀 중심의 지도자가 되고 말씀 중심의 하나님의 종이 되어야 형통하며 지도자로서 백성을 이끌어 가는 길이 평탄케 될 것을 말씀하셨습니다.

그리하여 여호수아는 요단 강을 건너기 직전에, 여호수아 3:9에서 백성들에게, "이리 와서 너희 하나님 여호와의 말씀을 들으라" 하고 그들에게 하나님의 말씀을 전달하고 있는 것을 읽을 수 있습니다. 또 여호수아 8:30 이후에 보면, 여호수아는 에발 산에 단을 쌓고 그곳에서 이스라엘 자손의 목전에서 모세의 기록한 율법을 돌에 기록합니다(32절). 그리고 율법 책에 기록된 대로 축복과 저주하는 율법의 모든 말씀을 모든 백성들에게, 온 회중과 여인과 아이와 그들 중에 동거하는 객들까지도 모두 듣도록, 하나도 빠뜨리지 않고 다 낭독했습니다(34-35절). 여호수아가 이렇게 말씀 중심으로 백성을 이끌게 된 것은 모세에게서 올바로 배웠기 때문입니다. 여호수아 11:15에, "여호와께서 그 종 모세에게 명하신 것을 모세는 여호수아에게 명하였고, 여호수아는 그대로 행하여 여호와께서 무릇 모세에게 명하신 것을 하나도 행치 아니한 것이 없었더라"라고 한 것처럼, 여호수아는 배우고 명받은 대로 철저하게 지켜 순종하였습니다.

영적 지도자가 긴 세월 동안 경험이 많다 보면 자신도 모르게 자기 경험이나 자기 지식과 의견을 자신의 명령으로 전달하게 될 수 있으나, 모세도 여호수아도 철저히 하나님 말씀 중심으로 백성을 이끌었습니다. 말씀 중심으로 이끌면 사람이 이끄는 것이 아니라 곧 하나님께서 이끄시는 결과가 되는 것입니다(여호수아 21:45, 23:14).

여호수아는 새로운 지도자가 되었을 때 이전의 지도자인 모세와 다른 방법으로 그의 약점을 보완하고 모세와는 차별화된 지도자가 되어 보려고 정치적으로 새로운 무엇을 시도한 것이 아니었습니다. 처음부터 그는 모세가 해왔던 그대로 여호와 하나님의 말씀 중심으로 백성을 이끌었고(여호수아 1:7-8), 그가 생을 마칠 때에도 백성들로 하여금 말씀 중심으로 살아야 될 것을 고별 메시지로 전한 것을 여호수아 23:6,14-16, 24:25-27에서 찾아볼 수 있습니다.

출애굽기 24:13에서 모세는 여호와께서 율법과 계명을 친히 기록하신 돌판을 받기 위해서 하나님의 산인 시내 산에 오를 때 그의 종자 여호수아를 그와 함께 동행하게 하였습니다. 여호수아가 산의 어느 지점까지 모세를 따라 올라갔는지는 모르겠으나(출애굽기 24:2을 보면 최종적으로는 모세만 여호와께 가까이 감), 여호수아는 이스라엘 모든 백성 중 가장 가까이 올라간 사람이기 때문에 하나님께서 증거 판 둘을 모세에게 주시는 모든 과정에서(출애굽기 31:18) 엄청난 하나님의 영광을 누구보다도 잘 경험했을 것이고, 이 경험이 그가 앞으로 하나님을 섬기고 이스라엘을 이끄는 지도자로서의 믿음과 자질을 갖추는 데 절대적인 기초가 되었을 것입니다.

또 모세는 장막이 완성될 때까지 임시로 만든 구조물로 회막이라고 이름하는 장막을 진 밖에 쳤었습니다. 그곳에서 여호와께서 모세와 말씀하셨는데, 사람이 그 친구와 이야기함같이 여호와께서는 모세와 대면하여 말씀하셨습니다(출애굽기 33:7-11). 그런데 하나님과의 말씀을 마친 후 모세는 진으로 돌아왔으나 모세의 수종자 청년 여호수아는 회막을 떠나지 아니하였다고 11절 후반에 기록되어 있습니다. 이것으로 미루어 보아 모세는 회막에 갈 때 여호수아를 함께 동행하게 한 것을 알 수 있습니다. 또한 모세가 자기 일을 마치고 회막을 떠난 후에도 여호수아는 회막을 떠나지 않았다고 한 것을 통해 그가 얼마나 주 하나님을 사모하고 앙모하였는지를 짐작하게 합니다. 이런 모든 과정 속에서 여호수아는 모세를 가까이 동행하면서 하나님을 배우고 섬기고 순종하며 또 하나님을 경모하는 마음으로 동행하는 삶이 영적 지도자의 삶임을 세세하게 잘 배운 것으로 생각됩니다. 이렇게 여호수아는 모세와 긴밀하게 아름다운 동행을 하면서 하나님의 충성된 일꾼이요 잘 훈련된 이스라엘의 지도자로 준비되었습니다.

신명기 31:1-3에서 모세는 온 이스라엘에게 말씀을 베풀면서 여호수아가 자기의 후계자가 되어 그들을 이끌고 요단을 건너 약속의 땅으로 들어가게 될 것을 말씀하고 있습니다. 여호수아가 후계자가 될 것은 이미 여호와께서 말씀하셨다고 3절에 언급하고 있습니다. 신명기 1:38에 보면 여호와께서 이미 말씀하시기를, "너의 종자 눈의 아들 여호수아는 그리로 들어갈 것이니 너는 그를 담대케 하라. 그가 이스라엘에게 그 땅을 기업으로 얻게 하리라" 하셨고, 또 신명기 3:28에 보면 "너는 여호수아에게 명하고 그를 담대케 하며 그를 강경케 하라. 그는 이 백성을 거느리고 건너가서 네가 볼 땅을 그들로 기업으로 얻게 하리라"라고 말씀하셨습니다. 또한 민수기 27:18에서도 여호와께서 모세에게 이르시기를, "눈의 아들 여호수아는 신에 감동된 자니 너는 데려다가 그에게 안수하고"라고 하시고, 20절에서는, "네 존귀를 그에게 돌려 이스라엘 자손의 온 회중으로 그에게 복종하게 하라"라고 하셨습니다. 모세는 어떤 다른 사람도, 또 어떤 다른 반응도 의식하지 않고 여호수아를 후계자로 준비하고 세우는 일에 하나님께 순종했습니다(민수기 27:22-23).

그런데 민수기 27:12-13에 보면, 하나님께서는 모세에게 아바림 산에 올라가서 약속의 땅을 바라보기만 하고 들어가지는 못할 것을 말씀하셨습니다. 이 말씀은 모세에게는 상상을 초월하는 매우 충격적인 말씀이었을 것입니다. 40년의 긴 세월 동안 목이 곧고 거역과 배반을 일삼는 백성들을 이끌고 오직 약속의 땅을 향해 모든 것을 인내하며 살아온 모세에게 그 땅을 보기만 하고 들어가지는 못하고 죽게 될 것이라 하셨기 때문입니다. 그리고 그 이유는, 이스라엘이 신 광야에서 물이 없어 불평할 때 모세와 아론을 공박했었는데 그들 앞에서 반석에서 물을 내는 일에서 모세가 여호와의 거룩함을 나타내지 아니한 잘못 때문이었습니다(14절). 모세 입장에서 생각해 보면, 그는 "온유함이 지면의 모든 사람보다 승하더라"(민수기 12:3)라고 인정을 받는 사람이었는데, 이러한 성품을 가진 분인데도 백성들의 패역함과 완악함을 생각할 때 오죽 화가 치밀고 혈기가 났으면 하나님의 명령을 따라 반석에게 명하여 물을 내게 했어야 하는데(민수기 20:8) 그렇게 하지 않았고, 반석을 칠 때도 두 번이나 쳤을까(민수기 20:11) 생각되기도 합니다. 물은 하나님께서 내시는 것인데 "우리(모세와 아론)가… 이 반석에서 물을 내랴?"(민수기 20:10)라고 한 표현도 물론 잘못이긴 하지만, 모세의 한 순간의 혈기와 일시적 과오인데, 그의 긴 세월 동안의 엄청난 헌신과 인내, 그리고 충성 및 백성들에 대한 사랑을 잘 아시는 하나님께서 왜 이렇게 엄격한 결정을 하실까 하는 인간적 동정심이 생길 수도 있을 것입니다.

그러나 하나님께서는 하나님의 일을 분풀이로 행사한 모세의 이 잘못된 행동은 곧 이스라엘 자손의 목전에서 여호와의 거룩함을 나타내지 아니한 잘못이라고 하셨습니다(민수기 20:12). 또한 13절에 보면, 이스라엘 자손이 여호와와 다투었기 때문에 물 이름을 므리바('다투다'라는 뜻)라 불렀는데, 이런 상황에서 모세가 말씀대로 하였더라면 백성들 목전에서 여호와의 거룩을 나타낼 수 있는 절호의 기회였는데(민수기 20:12, 27:14) 그렇게 하지 않은 것이 큰 잘못이었던 것입니다. 그리고 이런 행동은 민수기 20:12에서 "너희가 나를 믿지 아니하고"라고 하나님께서 모세와 아론에게 말씀하신 것으로 보아 불신의 행동이었던 것입니다. 그렇다 해도 그렇게 큰 공을 세운 모세를 용서하시지 않고 그렇게 소망하던 약속의 땅을 들어가지 못하게 하실 수가 있을까 하고 생각할 수도 있을 것입니다. 인본주의적 사상은 이런 경우에 하나님께서 너무하신 것처럼 생각하게 합니다.

그러나 우리는 여기서 모세 같은 지도자 한 사람의 실수는 모든 백성들이 쉽게 불신의 길로 빠지게 하는 결과를 가져올 수 있는 영향력이 있다는 것과 하나님의 거룩을 나타내지 못하는 죄는 매우 심각한 잘못임을 배워야 할 것입니다. 모세로 하여금 약속의 땅에 들어가지 못하게 한 것 자체도 하나님께서는 스스로 하나님의 거룩을 나타내신 것입니다(민수기 20:12-13). 거룩은 하나님의 구별된 신성을 나타내는 말로서 하나님의 존재의 본질적 성격을 보여 주는 것이며, 하나님 자신과 또 하나님과 관계있는 모든 것의 거룩은 그렇지 않은 다른 것들과는 구별됨을 나타내는 것입니다. 그러므로 물을 반석에서 나오게 하는 일을 통해 하나님께서는 이스라엘 자손들에게 우상들과는 다른, 유일하시고 구별되신 하나님의 존재로서의 거룩을 나타내기를 원하셨는데, 모세는 이 일에 큰 잘못을 저지른 것이었습니다.

모세는 하나님의 결정에 대해 아무 저항이나 불평 없이 그대로 받아들였습니다. “하나님, 저의 한 번의 실수로 40년간 생을 걸어 온 약속의 땅에 들어가지 못하게 하실 수는 없습니다. 너무나 억울합니다!” 하며 일인시위를 하지 않았습니다. 약속의 땅에 들어가지는 못하지만 아바림 산에 올라가서(신명기 34:1에 나오는 산 이름이 다른 것은 아바림이 큰 산줄기 전체의 이름이기 때문임), 그 약속의 땅을 바라보기만 하고 죽어 조상에게로 돌아가리라 하셨을 때(민수기 27:12-13), 놀랍게도 모세는 아무 불평 없이 받아들였습니다. 그리고 자신의 괴로운 감정에 사로잡혀 있기 쉬운 이 시점에서, 민수기 27:15-17에 보면, 오히려 자기가 죽은 후 자기 대신 백성을 이끌 후계자를 세워 주셔서 이스라엘로 목자 없는 양과 같이 되지 않게 해달라고 백성들을 염려하여 하나님께 구하는 놀라운 태도를 보여 주고 있습니다.

또 이 모세의 요청에 하나님께서는 여호수아를 공적인 후계자로 세우라고 말씀하셨고(18절), 모세는 하나님께서 명하신 대로 여호수아를 세웠습니다(22-23절). "제가 들어가지도 못할 땅을 이 노구를 끌고 힘들게 산에 올라가서 바라봐 봤자 속만 더 상할 텐데 싫습니다! 올라가서 보지 않겠습니다!"라고 할 수도 있을 텐데, 모세는 하나님께서 시키시는 대로 산에 올라갔습니다. 신명기 34:1-4에서, 하나님께서는 산에 오른 모세에게 이스라엘 자손이 들어갈 땅을 세세하게 보이시며 설명까지 해주셨습니다. 그러나 4절 후반부에서는, "내가 네 눈으로 보게 하였거니와 너는 그리로 건너가지 못하리라"라고 하셨습니다(신명기 3:27, 32:49-52, 민수기

27:12-14 참조). 이에 대해 모세가 어떤 부정적인 태도를 나타내거나 행동한 것이 성경에 나타나 있지 않습니다. 하나님께서는 모세가 들어가지 못할지라도 그 땅의 실체를 보게 하심으로 하나님의 지금까지의 인도하심이 허구적인 목표가 아님을 확인하게 되고 눈으로 그 실체를 봄으로써 오히려 백성들에게 약속에 대한 실제적인 격려와 동기부여를 하는데 큰 도움이 되게 하신 것입니다.

여호수아는 이 모든 과정을 통해 모세를 잘 관찰했을 것입니다. '나는 모세보다 너무나 부족한데 내가 그 후계자로서 이렇게 완악하고 힘든 이스라엘 백성들을 과연 잘 이끌 수 있을까? 나도 결국 모세처럼 중도에 약속의 땅에 들어가지도 못하고 끝나지 않을까 두렵다. 또 존경하는 모세의 결과를 보니 가슴이 아프고 괴롭고 허망한 생각만 드는구나!' 이런 생각을 하며 차라리 다른 사람을 세우시라고 변명하며 사양할 수도 있었을 텐데, 여호수아는 하나님의 명하심에 그대로 순종했습니다. 어떻게 그렇게 할 수 있었겠습니까? 그동안 모세를 통해 하나님의 절대주권과 말씀에 순종하는 믿음을 보고 배우고 체험했기 때문입니다(신명기 8:3, 11:8,18-25, 28:1-14 등 참조).

또 민수기 27:13에서, 여호와 하나님께서 모세에게 "아론의 돌아간 것같이 너도 조상에게로 돌아가리니"라고 하신 말씀을 주의 깊게 묵상해 보면, 조상에게로 돌아간다는 것이 단순히 조상이 묻힌 묘지로 돌아가는 뜻이 아님을 알 수 있습니다. 왜냐하면 모세는 아브라함 등 그의 조상들이 묻힌 곳인 가나안 땅에 묻히지 않고 모압 땅의 한 골짜기에 장사되었기 때문입니다. 그리고 그의 묘를 아는 자가 없다고 하였습니다(신명기 34:6). 그러면 조상에게로 돌아간다는 뜻은 어떤 묘지가 아니라 아브라함, 이삭, 야곱 등 조상들이 간 하늘나라에 갈 것을 의미하는 것이 틀림없는 것입니다(마태복음 8:11, 누가복음 13:28 참조). 하늘나라는 약속의 땅보다도 비교할 수 없이 더 좋고 더 영광된 곳이며 진정한 안식과 축복을 영원히 누리는 곳입니다. 모세는 히브리서 11:16 말씀과 같이 "더 나은 본향을 사모하니 곧 하늘에 있는 것이라"라는 믿음을 가지고 하늘나라를 사모하는 믿음이 있었고, 여호수아도 그 믿음이 있었습니다. 그러므로 모세는 자신이 약속의 땅에 들어가지 못하는 것에 대하여, 오히려 하나님께서 그에게 이 땅에서의 고달픈 나그네 길(히브리서 11:13, 베드로전서 1:1, 2:11)을 마감하고, 비교할 수 없는 영광의 하늘나라로 부르시는 더 큰 사랑의 배려와 은혜로 알고, 아무 거부 반응 없이 그 이후의 모든 일에서 하나님께 순종하며 따랐습니다. 이처럼 높은 수준으로 모세가 하나님과 거룩하고 아름다운 동행을 하는 것을 보면서, 여호수아도 자기의 리더인 모세와 끝까지 거룩하고 아름다운 믿음의 동행을 했고, 모세가 떠난 후에는 모세처럼 여호와 하나님과 거룩하고 아름다운 동행을 함으로 이스라엘에게 향하신 여호와의 약속을 이루는 일을 잘 감당할 수 있게 되었던 것입니다.

제 3 장

아브라함과 롯

창세기 11:26에 보면, 노아의 아들 셈의 후손 중 데라는 아들 셋을 낳았는데 곧 아브람과 나홀과 하란이었습니다. 하란은 롯을 낳았으나 아버지 데라보다 먼저 죽어 데라의 가슴에 큰 슬픔과 고통을 안겨 주었습니다. 또 아브람의 아내 사래는 잉태치 못함으로 자식이 없었습니다(30절). 이렇게 데라의 집안에는 행복하고 기쁜 일보다는 우울하고 안타까운 일이 더 많았습니다. 데라는 그동안 우상을 섬기며 살아왔는데(여호수아 24:2), 이로 인하여 그의 삶이 복되지 않았던 것 같습니다.

이러한 가정 배경과 분위기 가운데서 아브라함은 하나님의 부르심을 받습니다. 창세기 11:31에서 겉으로 보기에는 아브람의 아버지 데라가 아브람과 롯과 사래를 데리고 갈대아 우르를 떠나 가나안 땅으로 가고자 그들을 이끈 것같이 보이지만, 창세기 15:7, 느헤미야 9:7, 사도행전 7:2-4, 창세기 12:1-3 등의 말씀을 주의 깊게 읽어 보면, 아브라함의 믿음으로 말미암아 하나님께서 그를 부르셨고, 오히려 그의 아버지 데라는 아브람의 믿음의 영향으로 함께 고향을 떠나 아브람을 따라간 것을 알 수 있습니다. 그런데도 창세기 11:31에서 데라가 가족을 이끌고 간 것처럼 기록된 것은 그가 집안의 가장이고 창세기 11:10 이후의 기록이 셈의 후예를 열거하는 내용이라서 가장을 중심으로 이어지는 이야기를 기록했기 때문에 그렇게 표현되었다고 생각합니다.

또한 데라의 마음속에는 믿음 때문이라기보다 그동안 고향에서 집안에 자랑스럽고 행복한 일은 별로 없고 슬프고 괴로운 우환만 생기니 이웃 사람들 보기가 민망해서 아무도 모르는 사람들이 사는 성읍으로 이사 가고 싶은 생각도 있었을 것입니다. 그래서 하란에 이르러서는 더 이상 가지 아니하고 거기 거하다가 205세에 그곳에서 죽게 되었습니다.

또 데라 가족이 이렇게 이동할 때에 나홀은 왜 같이 가지 않았는지 잘 모르지만 나중의 기록을 보면 나홀은 메소포타미아로 가서 하란으로 이동한 것을 알 수 있습니다(창세기

24:10, 27:43). 후에 아브라함은 남방 셈족의 조상이 되었고, 나홀은 북방 셈족의 조상이 되었습니다. 이삭의 아내 리브가의 오라버니인 라반은 아브라함의 형제인 나홀의 손자입니다(창세기 24:10,15, 28:5). 이러한 가정의 분위기에서 믿음의 사람 아브라함의 삶에 하나님의 은총이 나타남을 성경은 말씀하고 있습니다.

여호수아 24:2을 통해 아브라함의 배경을 좀 더 살펴보면, 강 저편에 있을 때에 아브라함의 아버지 데라가 우상을 섬겼다고 하였는데, 강 저편은 유브라데 강 동북쪽 갈대아 우르 지방이었습니다. 그곳에서 하나님께서는 아브라함을 개인적으로 부르셔서 본토, 친척, 아비 집을 떠나게 하셨는데, 그것은 참 놀라운 일입니다. 여호수아 24:3에 보면, “아브라함을 강 저편에서 이끌어 내어 가나안으로 인도하여 온 땅을 두루 행하게 하고 그 씨를 번성케 하려고 그에게 이삭을 주었고”라고 핵심적인 중요한 내용을 매우 요약적으로 기록하여 전해 주고 있습니다. 그의 아버지와 일가친척들은 하나같이 우상을 섬기며 살고 있었는데, 그런 환경 가운데서도 아브라함만은 개인적으로는 하나님을 찾으므로 하나님께서는 그를 귀히 여기셨습니다. 그래서 창세기 12:1에서 그를 택하시고 부르셔서 명한 것이 곧 “너의 본토, 친척, 아비 집을 떠나 내가 네게 지시할 땅으로 가라”라고 하신 것입니다. 그러므로 이렇게 기록된 내용은 단순한 것 같지만 사실은 굉장한 것입니다. 온 일가친척들이 우상 숭배에 젖어 살고 있는 속에서 아브라함이 개인적으로 하나님을 찾았던 것이 놀랍고, 또 그런 아브라함을 하나님께서 개인적으로 불러내어 그로 하여금 믿음과 은혜와 약속의 새로운 삶을 시작할 수 있도록 본토, 친척, 아비 집을 떠나라고 명하신 것이 놀랍습니다. 우상을 섬기는 사람들을 떠나서 따로 있어야 하나님을 온전한 마음으로 섬기고 하나님을 올바로 배울 수 있기 때문에 그렇게 인도하여 주신 것입니다. 하나님께서는 그렇게 함으로써 하나님의 모든 약속이 아브라함을 통하여 이루어지는 것을 보기를 원하셨습니다.

어떤 신학자들은 긴 세월 동안 삶에 익숙해진 우상은 우상이라기보다 하나의 문화라고 주장하며, 그곳을 떠나거나 정죄함으로 사회적 분란을 일으키지 말고 내부자(insider)가 되어 그곳에 머물러 있으면서 사랑을 보이고, 조금씩 그들에게 하나님을 나타냄으로 변화를 일으키는 것이 옳은 방법이라고 주장하기도 합니다. 사랑은 모든 것을 포용하는 것이라 주장합니다. 사랑이 최상의 덕이요 가치라고 주장하며, 불의, 불륜, 불경건까지도, 더 나아가 하나님의 창조의 질서를 벗어난 것까지도 사랑이라는 핑계로 포장하여, 타협적이고 무질서하고 추악한 죄악까지도 용인하는 잘못된 이론의 주장으로 인하여 결국은 우상에 빠지고 타락과 멸망의 길로 가게 만드는 사람들도 있습니다. 그러나 하나님께서는 아브라함을 그렇게 하도록 하시지 않았습니다. 하나님은 물론 사랑이십니다. 그러나 또한 의로우신 하나님이십니다. 그러므로 우리가 하나님의 이 두 가지 속성을 동시에 만족시켜 주지 못하면 우리는 결국 죄 가운데 있는 것입니다. 그러므로 하나님의 한 가지 속성에 해당되는 것만 주장하는 것은 잘못된 것입니다.

시편 85:10에 "긍휼과 진리가 같이 만나고 의와 화평이 서로 입 맞추었으며"라고 하였습니다. 하나님의 긍휼(사랑, 화평)과 진리(의)가 죄인이 없을 때는 같이 만나고 서로 입 맞출 수 있으나 죄인이 나타나면 같이 만나고 서로 입 맞출 수 없는 갈등이 생깁니다. 하나님의 의와 진리는 죄인을 심판하고 형벌해야 합니다. 그러나 하나님의 긍휼과 사랑과 화평은 죄인을 용서하라는 속성입니다. 인간이 죄를 짓기 전에는 하나님의 이 두 속성에 아무 갈등이 없었습니다. 그런데 죄된 인간으로 말미암아 서로 조화를 이룰 수 없게 된 두 속성 때문에 하나님 스스로 문제에 빠지시는 것입니다. 그러나 이 서로 다른 하나님의 속성의 요구를 동시에 만족시켜 주시는 것이 곧 예수님의 십자가입니다. 십자가는 죄의 삯은 사망이라는(로마서 6:23), 하나님의 의와 진리의 요구를 예수님께서 대신 죽으심으로 만족시켜 주셨고, 또 십자가는 로마서 5:8과 같이 우리가 죄 때문에 죽을 죽음을 대신 죽어 주심으로 우리에 대한 하나님의 사랑을 확증하셨으므로 사랑(긍휼, 화평)의 요구도 동시에 만족시켜 주셨습니다. 이것이 십자가의 놀라운 비밀입니다. 그래서 바울은 갈라디아서 6:14에서 "내게는 우리 주 예수 그리스도의 십자가 외에 결코 자랑할 것이 없으니"라고 확신을 천명하고 있습니다. 그러므로 우리도 어떤 어려움이 와도 복음주의적 확신, 십자가 중심의 확신을 주장하며 살아야 합니다.

창세기 12:1-3로 다시 돌아가 보면 하나님의 명령이 거기에 기록되어 있습니다.

여호와께서 아브람에게 이르시되, "너는 너의 본토, 친척, 아비 집을 떠나 내가 네게 지시할 땅으로 가라. 내가 너로 큰 민족을 이루고 네게 복을 주어 네 이름을 창대케 하리니 너는 복의 근원이 될지라. 너를 축복하는 자에게는 내가 복을 내리고, 너를 저주하는 자에게는 내가 저주하리니, 땅의 모든 족속이 너를 인하여 복을 얻을 것이니라" 하신지라.

그런데 이 구절 바로 앞의 창세기 11:31에 보면, 아브람의 아버지 데라가 아브람과 롯과 사래와 더불어 가나안 땅으로 가려다가 하란까지 와서는 그냥 거기에 머물러 거기에 거하게 되었는데, 거기 거했다는 것은 정착을 한 것입니다. 그렇게 하란에 정착하면서 거기서도 데라는 여전히 우상에 빠져 살고 있었던 것으로 생각됩니다. 그렇지 않았다면 그가 하란에서 더 머물러 있지 않고 가나안으로 계속 진행하여 갔을 것입니다. 그리고 32절에 보면 데라가 205세에 그곳 하란에서 세상을 떠나게 됩니다. 그런데 아브라함은 아버지가 죽고 드디어 하나님의 부르심대로 그의 형제인 하란의 아들 롯을 데리고 떠납니다. 롯의 경우 아버지 하란이 할아버지 데라보다도 먼저 죽었기 때문에 의지할 곳이 없어서 아브라함이 데리고 간 것인지, 삼촌 아브라함과 서로 신앙이 통해서 그랬는지, 아니면 어떤 다른 조건들이 맞아서 그랬는지는 명확하게 나타나 있지 않지만, 아브라함과 조카 롯은 함께 본토 친척을 떠났습니다.

그런데 이어지는 창세기 12:4을 자세히 보면, 아브라함은 여호와의 말씀을 따라 좇아갔다고 하였습니다. 언뜻 읽으면 그냥 지나칠 수 있는 내용입니다. 그런데 롯은 그냥 따라갔습니다. 출발점부터 차이가 있는 것을 봅니다. 이렇게 아브라함은 여호와의 말씀을 따라 간 것에서 그 부르심에 대한 분명하고 직접적인 동기가 있었지만, 롯은 아브라함과 같이 가기는 했지만 특별히 두드러지는 자신의 개인적 믿음이 확실하게 나타나 있지는 않습니다.

그리고 창세기 12:6-8에 보면, 아브라함이 롯을 데리고 세겜에 도착합니다. 거기 도착해서 아브라함이 제일 먼저 한 일로 롯에게 아주 분명하게 보여 준 것은 여호와를 위하여 단을 쌓는 것이었습니다. 고향 땅에 있을 때는 그의 아버지 데라가 우상을 섬기고 있었고 그 주변 친척들이나 다른 사람들도 우상을 섬기고 있었기 때문에 감히 그것을 하지 못했는데, 이제는 매우 자유로운 신앙을 가지고 하나님 앞에서 단을 쌓은 것입니다(창세기 13:4에는 아브라함이 처음 단을 쌓은 곳이라 함). 아브라함에게 얼마나 감격스러운 때였겠습니까? 거기서 하나님을 경배하고 여호와의 이름을 넘치는 기쁨으로 가슴 벅차게 부르게 됩니다. 이런 모든 것을 롯이 보았고 아마 롯도 아브라함이 하는 대로 잘 따라 했으리라 생각됩니다.

그런데 9절 이후에 나오는 내용을 보면 아브라함의 삶의 특이한 점을 볼 수 있습니다. "점점 남방으로 옮겨 갔더라"라고 한 내용입니다. 여기서 '점점'이라고 하는 것은 '거의 표시가 나지 않게 조금씩 조금씩' 이런 의미입니다. 그렇게 아주 조금씩 가다 보니까 결국 남쪽으로 가게 되었습니다. 이것은 우리의 삶 속에도, 즉 우리의 일상적인 생활 속에서도 항상 있을 수 있는 일입니다. 일상적인 생활 속에서는 내가 얼마나 하나님으로부터 또는 하나님의 약속으로부터 멀어졌는가를 분별하기가 매우 어려울 수 있는 것입니다. 의식하지 못할 정도로 조금씩 조금씩 멀어지기 때문입니다.

군에 입대하면 먼저 훈련소에서 여러 가지 훈련을 하는데 그중에 총을 쏘는 사격 훈련이 있습니다. 지금은 어떤지 잘 모르지만 옛날에는 사격에 앞서 총 가늠자를 수정하는 것이 있었는데, 한 단계씩 조정하는 것을 1클릭이라고 합니다. 1클릭마다 딸깍 하는 느낌이 있습니다. 1클릭만큼 조정하면 똑같은 표적을 겨냥하여 사격을 할 때 저쪽 100미터 전방의 표적에서는 상당한 거리의 차이가 생기게 됩니다. 그것처럼 우리의 일상생활에서도 한 클릭 정도 차이라고 여겨지는 변화는 별 것 아닌 것처럼 간과하기가 쉽습니다. 이렇게 출발점에서는 그 차이점을 못 느끼는 일상생활 속에서 자기가 얼마나 약속의 땅에서부터 조금씩 멀어지고 있는지를 의식하지 못하는 가운데, 여전히 '나의 믿음은 똑같다', '내가 여호와 하나님을 사랑하는 마음도 똑같고, 약속을 믿는 믿음도 똑같다'라고 생각하지만 결코 똑같지 않습니다. 특별한 느낌 없이 환경을 따라 표시 나지 않게 조금씩 따라간 것이 나중에 보니 한참 멀리까지 가 있게 되는 것입니다.

아브라함의 경우 목축을 하다 보니까 아무래도 풀이 좀 더 많이 있는 곳으로 간 것입니다. 양 떼를 더 잘 먹이기 위하여 자연스럽게 풀을 따라가다 보니까 점점 남방으로 가다가 결국 아주 멀리까지 내려간 것입니다. 그러자 하나님께서는 아브라함으로 하여금 돌이키도록 하기 위해서 그 땅에 기근을 주셨습니다. 그런 일을 당하면, '아, 이것은 내가 약속을 떠나서 그렇구나!'라고 생각하고 하나님께 갈급한 마음으로 기도하며 빨리 돌이켰어야 하는데, 창세기 12:10을 주의 깊게 읽어 보면 아브라함이 이때는 오히려 의도적 계획을 가지고 오직 심한 기근을 어떻게든 피하여야겠다는 일념으로 애굽에 우거하려고 내려가게 된 것 같습니다. 처음에는 조금씩이라고 하는 일상적 생활 속에서 내려가다가 나중에는 적극적인 뜻으로 애굽까지 내려가게 된 것으로 생각됩니다.

우리도 직장 생활을 하고 결혼을 하여 자녀를 키우는 등의 일상생활 속에 있다 보면, 자신이 이전에 주님의 첫사랑 속에서 확실한 약속을 따라 살 때와 현재의 삶에 얼마나 또는 어떤 차이가 있는지를 분별하지 못하고 살 때가 참 많이 있는 것입니다. 그러면서 자기는 여전히 똑같은 믿음으로 살고 있는 것으로 착각하고 있는데, 실제로는 자신이 지금 약속의 땅으로부터 한참 멀리 '애굽'까지 와 있다는 것을 알게 되면 깜짝 놀라게 됩니다. 그런데 아브라함처럼 믿음의 조상이었던 분도 그런 경험을 하게 되었다는 것을 생각하면 우리도 항상 두려움 가운데 경성해야 하는 것입니다. 그래서 갑자기 변화가 오거나, 빛과 어둠의 차이만큼이나 그 차이가 선명할 때에는 속는 그리스도인이 별로 없지만, 서서히 조금씩 달라지는 일상 속에서는 자기도 감지하지 못하고 주변 사람도 알아차리지 못하는 사이에 멀리 벗어나 버릴 수 있다는 것을 우리는 항상 명심하고 조심해야 합니다. 아브라함의 경우 옆에 있던 롯이라도 아브라함에게, "삼촌, 우리가 여호와 하나님의 이름을 부르고 단을 쌓던 거기서부터 지금 너무 멀리 왔습니다. 이제 되돌아가서 여호와 하나님 앞에 제물을 드리고 그곳에서 하나님을 경배해야 하지 않겠습니까?" 이렇게 이야기해 주었어야 하는데, 롯도 아무 말 없이 그냥 따라간 것입니다. 이렇게 하여 결국 애굽까지 가서 그곳에서 많은 어려움들을 당했습니다. 두려움 때문에 아내를 누이라고 하다가 바로에게 아내를 빼앗길 뻔하기까지 하는 어려움을 당했습니다.

이들의 잘못된 것에 대해 결국 하나님께서 알려 주셨습니다. 그래서 13장 1절에 보면, 아브라함과 롯은 애굽을 떠나게 됩니다. 그런데 거기를 떠날 때에 아마 롯의 마음속에는 '애굽이 참 좋다!'라는 생각이 자리 잡게 되었던 것으로 생각됩니다. 그렇지만 그의 삼촌 아브라함이 믿음으로 가는 것에 대해 자기도 따라간다는 한 조각의 믿음과 의로운 마음은 있었습니다. 소돔과 고모라 이야기가 나올 때 보면 롯을 가리켜 의인이라고 하였습니다(베드로후서 2:6-8 참조). 그렇지만 롯은 하나님을 믿는 의인이긴 하지만 적극적인 헌신된 믿음의 사람은 아니었습니다. 그렇기 때문에 애굽까지 따라간 모든 면에서나 하나님을 인정하는 면에서 롯은 똑같은 것을 아브라함에게 배웠지만 아브라함의 잘못된 것까지 따라간 것을 보면 그런 정도를 분별하는 수준에는 못 미쳤던 것입니다. 그래서 잘못된 것에 대해 바른말로 조언해 주지 못하고 그냥 옆에서 따라다닌 것입니다. 롯은 개인적인 관계는 조카로서 아들처럼 아브라함과 가까웠지만, 개인 믿음은 아브라함처럼 주님 앞에서 확실하게 가지고 있지는 못했습니다.

이 두 사람의 관계를 맨투맨의 측면에서 생각해 볼 때, 누구 책임인지는 정확하게 단언할 수는 없어도 결과적으로는 바람직하지 못한 예라고 볼 수 있습니다. 아브라함이 애굽에서 나오게 된 것은 하나님께서 바로에게 큰 재앙을 내리심으로 아브라함을 거기서 이끌어 내주시니까 나오게 된 것이었습니다. 아브라함도 잘못을 제대로 깨닫지 못하고 있었고, 롯도 마찬가지로 그런 깨달음이 없어서 그의 영적 리더인 아브라함에게 어떤 조언도 하지 못했던 것입니다. 어쨌든 두 사람은 다시 가나안으로 돌아왔고 벧엘과 아이 사이 과거에 장막을 쳤던 곳에까지 왔습니다(창세기 13:3-4). 그래서 전에 단을 쌓았던 그곳에서 다시 여호와의 이름을 부르고 하나님을 예배하는 아브라함과 롯의 아름다운 모습을 볼 수 있습니다. 정상적인 믿음의 상태로 회복된 모습입니다.

그런 변화 후에 두 사람은 또 일상으로 들어갑니다. 일상이라는 것이 안정감을 주지만 때때로 우리에게 가장 위험한 시기가 되는 것을 봅니다. 그래서 목축업을 하는 일상 속에서 두 사람 사이에 한 가지 문제가 생깁니다. 목축을 하는 일 때문에 아브라함과 롯의 목자들이 서로 싸우는 일이 자주 생긴 것입니다. 이 문제를 해결하기 위해서 아브라함은 롯에게 선택권을 줍니다. "우리가 지금까지 잘 살아와서 이제는 너도 부자가 되고 나도 부자가 되었는데, 우리의 가축을 돌보는 목자들끼리 싸움이 잦아지니 더 이상 같이 살기가 어렵게 되었구나. 목자들은 앞으로도 더 다툴 것 같고, 그래서 이제 평화를 유지하기 위해서는 네가 다른 곳으로 터전을 옮기는 것이 좋겠다. 어디를 선택할래? 네가 어디로 먼저 선택하든지 나는 그대로 인정하겠다. 네가 좌하면 나는 우하고, 네가 우하면 나는 좌하리라"(창세기 13:9 참조)라고 제안합니다.

롯은 그 말을 듣고 나서, 자기가 택하여 갈 곳을 정하기 위해 먼저 하나님께 무릎 꿇고 기도하며 하나님의 도움을 구하는 행동은 전혀 없고, 기다렸다는 듯이 즉시 그의 눈을 들어 요단 들을 바라보았습니다(창세기 13:10). 사방을 두루 확인하는 중에 요단 들을 보니 여호와의 동산 같고 애굽 땅과 같이 보였습니다. 애굽 땅과 같이 보였다는 말에는 롯의 마음에 지금도 여전히 애굽을 그리워하는 마음이 있음을 나타내고 있는 것입니다. 롯은 물이 넉넉히 흐르고 풀도 많아 목축하기에 너무도 좋게 보이는 요단 온 들을 선택하여 동쪽으로 옮겨 가게 되었습니다(창세기 13:11). 아마도 롯의 마음속에는 애굽에서 살던 그 습관과 욕심, 그런 가치관이 여전히 남아 앞으로 그런 즐거움을 누릴 수 있겠구나 하는 생각이 있었던 것 같습니다. 그래서 평지 성읍에서 머무르며 장막을 옮겨 소돔 성이 바라보이는 가까운 곳에 장막을 쳤습니다(창세기 13:12). 아마도 그의 장막의 문을 열고 나가면 탁 트인 곳에 자신의 탐심을 만족시켜 줄 것 같은 소돔 성이 곧바로 바라보이지 않았을까 생각됩니다. 그러다가 그는 결국은 소돔 성 안으로 쏙 들어가게 되었습니다. 롯은 자신의 세속적 계산법을 따라 판단한 결과 성 안에서 사는 것을 참 좋아했던 것 같습니다.

그런데 특이한 한 가지는, 창세기 4:17에 사람의 제2세대인 가인, 즉 아담의 아들 가인이 제일 먼저 성을 쌓은 사람으로 기록되어 있는 것입니다. 어떤 사람은 그 시대에 과연 성을 쌓을 수 있었을까 의문을 제기하며 아마 오두막 같은 집들과 울타리 정도일 것이라고 말하는 사람도 있지만, 어쨌든 성읍을 둘러친 울타리든 제대로 된 성벽이든 그것이 의미하는 바는 정착적인 생활 자세로 사는 것입니다. 이를 테면, '여기 이 땅이 좋다. 여기에 안주하여 뿌리를 내리고, 여기에 모든 가치를 두고, 여기를 위해서, 또 여기에서 더 번창해 가는 것만 생각하자' 이런 마음가짐과 가치관입니다. 그래서 그 아들 에녹(죽지 않고 하나님께로 옮겨 데려가신 에녹과는 다른 사람)을 낳고 그 아들의 이름을 따서 성 이름을 에녹성이라 불렀습니다. 이렇게 이름까지 당당하게 붙인 것을 보면 단순히 경계선 표시로 울타리 쳐 놓은 작은 부락 같은 정도로 그렇게 한 것 같지는 않습니다. 그 후에 세월이 흐르긴 했지만 창세기 11장에서 바벨탑을 쌓은 것을 보면 그 당시 고대에도 상당한 건축 기술이 있었고 그만큼 상당히 높은 수준의 성을 건축했던 것으로 생각됩니다. 가인의 마음처럼 대개 사람 마음속에는 성을 쌓는 마음이 있습니다.

그런데 하나님께서 그 이후에 아브라함에게는 성을 쌓게 한 것이 아니라 장막 즉 텐트에서 살게 하셨습니다. 아브라함을 생각해 볼 때에, 그도 아버지로서 자기 아들 이삭을 위하는 마음은 가인 못지않았을 것입니다. 그것도 100세나 되노년에 겨우 얻은 아들을 위해서라면 모든 좋은 것을 다 물려주고 싶었을 것입니다. 다른 민족들이 침략해 와도 쳐들어오지 못하는 난공불락의 성을 쌓아서 이삭에게 물려주어 이삭과 후손들은 자기처럼 수없이 옮겨 다니며 사는 생활을 하지 않고 견고한 성 안에 정착하여 편안하고 안전하게 살게 해주고 싶고, 또 자기도 그 성을 이삭 성이라고 이름 붙이고 싶은 마음이 아브라함이라고 없었겠습니까? 아버지의 마음은 다 같은 것 아니겠습니까? 그런데 아브라함은 그렇게 하지 않았습니다. 아들 에녹 이름을 딴 에녹 성을 지은 가인과 같이 하지 않았습니다. 아브라함은 오히려, '아들 이삭아, 너도 나처럼 선교사로 살아라! 손자 야곱아, 너도 나처럼 선교사로 살아라!' 이런 마음으로 함께 기동력이 있는 장막에 우거하였습니다.

그렇게 한 이유가 히브리서 11:10에 나타나 있습니다. "이는 하나님의 경영하시고 지으실 터가 있는 성을 바랐음이니라." 이 땅에서는 성을 필요로 하지 않았고, 그가 바랐던 것은 하나님의 경영하시고 지으실 터가 있는 성이라고 하였습니다. 이 견고한 성은 바로 하늘나라에 있는 성입니다. 그것을 소망하고 그 외에 이 땅에서는 선교사로 살아야 한다는 것을 스스로 확신 가운데 실천하고 그의 자손들에게도 가르쳐 주었습니다. 그래서 3대에 걸쳐서 선교사로서 기동성이 있는 삶을 살았습니다. 그리고 그 증손자인 요셉 역시 약속의 땅에 묻히기를 원해서 이스라엘 백성이 애굽에서 400년 동안 종살이를 하고 돌아올 때도 그의 해골을 계속 운구해서 약속의 땅까지 내오는 것을 볼 수 있습니다(창세기 50:24-25, 여호수아 24:32, 히브리서 11:22). 그때는 땅이 약속이었지만, 그 약속의 땅을 오늘날 우리에게 적용한다면 우리에게는 실제로 땅이 중요한 것은 아니고 우리의 일생의 삶 자체를 약속과 더불어 사는 것이 중요합니다. 이 세상에서 살 때 우리가 어디에 있든지 영원한 도성인 하늘나라를 소망하면서, 오직 복음으로 말미암아 세계를 하늘나라의 백성이 되도록 인도하는 선교사적인 믿음으로 살아야 된다는 것을 여기서 배울 수 있습니다.

롯이 아브라함을 떠난 후에 하나님께서 아브라함에게 나타나셔서 축복해 주시는 것을 볼 수 있습니다(창세기 13:14-18). 15절에 보면, 보이는 땅을 모두 “내가 너와 네 자손에게 주리니 영원히 이르리라”라고 약속과 축복을 해주셨습니다. 또 18절에 보면, 아브라함이 장막을 옮겨 마므레 상수리 수풀에 이르러 거하며 거기서 여호와를 위하여 단을 쌓은 것을 볼 수 있습니다. 이렇게 아브라함은 철저하게 하나님과의 교제, 하나님께 예배하는 삶, 그리고 하나님의 약속에 대한 믿음 가운데서 살고 있는 모습을 창세기에서 많이 찾아

볼 수 있습니다. 이런 생활을 하는 동안에는 아브라함은 항상 영적 승리 가운데 살 수 있었습니다.

롯은 아브라함과 헤어진 후 첫출발을 매우 아름답고 풍성하게 시작한 것 같은데, 그것은 롯의 탐심의 눈으로 본 겉모양일 뿐이었습니다. 그로부터 얼마 후 창세기 14:12-16에 보면, 그의 주변 지역에 분쟁이 생겨 롯이 여러 왕들의 연합군에 사로잡혀 가게 되었습니다. 롯이 모든 것을 빼앗기고 포로가 되어서 어쩌면 생명까지 빼앗길 수도 있는 처지에 놓여 있을 때에, 아브라함은 자기가 집에서 훈련시킨 318명을 데리고 출동하여 롯을 구출해 왔습니다. 롯이 자기 눈에 보이는 대로 판단하여 약삭빠르게 계산하여 푸르고 기름진 요단 들을 택한 것은 최상의 선택을 한 것 같았지만 결과는 재앙이었습니다. 반면에 롯에게 땅 선택의 우선권을 양보한 아브라함은 더욱 더 승리의 삶을 살고 또한 위기에 처한 롯까지 구출할 수 있었습니다. 그렇게 된 이유는 아브라함은 하나님을 따르는 부르심에 대한 믿음으로 살고 있었기 때문인 것입니다. 그런데 롯은 이렇게 삼촌의 도움으로 구출되어 돌아온 이후에도 여전히 소돔 성 안에서 사는 것을 선호하여 결국 거기에 들어가 살고 있었습니다(창세기 19:1-17).

그런데 이 소돔 성이 죄악이 극에 달하여 하나님께서는

이 성을 그냥 놔둘 수 없고 회개할 기회를 주기에는 너무 늦은 상황이 되었습니다. 그래서 창세기 18:1-21에 보면, 그들을 멸망시키시려고 여호와께서 두 천사와 함께 이 땅에 직접 임하신 것을 보게 됩니다. 이렇게 소돔 성을 일거에 멸망시키는 엄청난 계획에 대하여 하나님께서는 다른 사람에게는 몰라도 아브라함에게는 비밀로 두시지 않고 그에게 사실을 말씀해 주셨습니다(창세기 18:17). 아브라함은 소스라치게 놀랐습니다. 거기에 있는 수많은 사람들에 대해 불쌍한 마음도 있었겠지만 특별히 거기에 살고 있는 자기 조카 롯에 대해, 그래도 그중에서는 의로운 롯에 대해 생각하지 않을 수 없었습니다. 그리고 또 롯을 통해서 하나님께 대한 이야기를 듣고 신앙을 갖게 된 사람들이 혹시 몇 명은 더 있지 않을까 하는 기대가 아브라함에게는 있었던 것 같습니다. 그 이후 아브라함이 하나님과 나눈 대화를 보면(창세기 18:22-33), 처음부터 롯 이야기만 하지 않고 적어도 먼저 의인 50인을 언급한 것을 보면 롯 외에도 다른 의인들이 여러 명 더 있을 것이라 생각했던 것 같습니다.

우리도 그렇지 않습니까? 우리가 돕고 있는 각 형제 자매들에 대한 신뢰감이 있기 때문에 그를 통해서 그의 회사의 사람들 몇 명이 변화되지 않았을까, 또 그 친척들이 변화되지 않았을까, 이런 기대를 하고, 또 그를 위해서 맨투맨할 때

늘 기도를 합니다. 그래서 아브라함은 하나님께서 멸망시키시는 것을 원치 않으면서 악인들 때문에 의인들까지 함께 멸망시키시는 일은 없도록 해달라고 간청하였습니다. "하나님! 만약 그곳에 의인 50명이 있으면 그들 때문에라도 용서해 주시겠지요?" 처음에 아브라함은 마음속에 의인 50명도 굉장히 적은 수라 생각하며 자신 있게 이야기했던 것 같습니다. 하나님께서, "그래, 50명의 의인이 있다면 내가 용서하리라!"라고 약속하십니다. 그러자 28절에, 아브라함이 혹시 50명이 안 될지 모른다는 불안한 마음이 들었는지 숫자를 낮춰 묻습니다. "오십 의인 중에 오 인이 부족할 것이면 그 오 인 부족함을 인하여 온 성을 멸하시리이까?" 이에 여호와께서는, "사십오 인을 찾으면 멸하지 아니하리라" 하고 대답하셨습니다. 그래도 아브라함은 여전히 불안한지, "40명을 찾으시면 어찌하시겠습니까?", "30명을 찾으시면 어찌하시겠습니까?" 이렇게 의인의 숫자를 점점 더 낮춰 질문했습니다.

지금 아브라함도 하나님과 기도의 씨름을 하고 있습니다. 하나님과 이렇게 끝까지 붙들고 간절한 마음으로 씨름한 것은 야곱만 그런 것이 아니었습니다. 32절에 보면, "10명을 찾으시면 용서하시겠습니까?"라고 묻습니다. 결국 10명도 없었습니다. 결국 하나님께서 소돔과 고모라를 심판하시기 위해 떠나가셨는데, 그것도 '즉시' 가셨다고 하였습니다(창세기 18:33). 소돔과 고모라를 심판하셔야 하는데 지금까지 아브라함 때문에 지체되었다고 생각하시는 정황이 나타나 있습니다. 이렇게 하나님께서 즉시 떠나신 후 아브라함은 할 수 없이 되돌아올 수밖에 없었습니다. 여기서 우리는 멸망받을 수밖에 없는 사람들을 위해서도 끝까지 절박하게 매달리는 아브라함의 중보의 기도, 그리고 롯을 사랑하는 그 중보의 기도를 배울 수 있습니다. 그래서 이 중보의 기도로 말미암아 소돔과 고모라의 멸망 속에서도 롯은 살게 된 것입니다. 롯은 아브라함에 의하여 다시 한 번 목숨을 건지게 되었습니다.

소돔 성 사람들의 죄악의 요구를 믿음으로 목숨을 걸고 반대하지 못한 롯을 아브라함과 비교해 보면 큰 차이가 있습니다. 소돔과 고모라에 두 천사가 나타나 롯의 집에 들어갔을 때에 그 천사들을 행음하려고 하는 사악한 소돔 성 사람들에 대항하여 롯은 목숨을 걸고 반대하고 죄악을 질책하러 나갔어야 진정한 의인인데 그러지 못했습니다. 롯은 사악한 무리들에게 매우 타협적으로 나가 경악할 만한 타협안을 내놓았습니다(창세기 19:4-8). "내 두 딸을 내줄 테니, 이 사람들(천사들)에게는 아무 짓도 하지 말라"라는 것이었습니다. 위급하여 경황이 없는 가운데 생각한 대책 같으나, 어딘지 롯이 죄악의 소돔에서 온갖 추악한 죄들을 너무 오랫동안 많이 보아 온 결과, 죄에 동화된 사고방식에서 나온 제안같이 느껴집니다. 그래서 롯의 마음도 죄악에 무뎌지고 그런 것이 일상처럼 되었던 것 같습니다. 물론 베드로후서 2:8에 보면, 롯은 저들의 불법한 행실을 보고 들음으로 그 의로운 심령이 상하고 고통스러워했으나 너무 용기와 영향력이 없었습니다. 그래서 죄에 대하여는 어떤 타협도 없이, "차라리 나를 죽이는 한이 있더라도, 그렇게 할 수 없다" 이렇게 나가야 하는데, 그렇게 하지 않았습니다.

게다가 롯은 성이 멸망할 것이라는 이야기를 들었을 때에, 소스라치게 놀라며 급히 떠나야 했는데 그는 급히 떠나지 않고 지체했습니다. 왜 지체했을까? 가지고 갈 것이 아마도 너무 많아서, 정리할 것이 너무 많아서 그렇지 않았을까 생각됩니다. 소돔에 들어가서 롯은 아마도 그동안 비즈니스를 굉장히 잘했을 것입니다. 들에서 생활할 때 양이나 소의 젖을 짜고 그것을 가지고 치즈와 버터를 만들어 먹고 사는 문제는 단순하고 쉬운 것입니다. 하지만 양의 털을 깎아서 팔고 가죽을 벗겨 팔고 하려면 성에 들어가서 장사를 해야 합니다. 이렇게 팔고 사고 하는 일의 편리를 위해서도 성에 사는 것이 유리했을 것입니다. 그리고 또 성에서 사는 삶이 매우 편리하고 자기에게 잘 맞는 익숙한 삶이어서 성을 갑자기 떠나는 것이 쉽지 않았습니다. 그래서 미련이 남아 있어 롯이 스스로는 나갈 수 없는 우유부단한 마음인 것을 알고, 천사들이 어쩔 수 없이 롯과 그 아내와 두 딸의 손을 잡고 성 밖으로 끌고 나갔습니다(창세기 19:16). 그러고는 산까지 빨리 도망치라고 할 때 롯은 그것도 즉시 따르지 않고 또 자기 생각을 주장했습니다. "산까지는 너무 멀고 힘들어 도저히 못 가겠습니다. 재앙을 만나 죽을까 두렵습니다. 저기 보이는 가깝고 작은 성에 머물고 싶습니다." 이렇게 간청한 것을 보면 롯은 여전히 생활 습관 때문인지 사업상의 이유 때문인지 성을 좋아했던 것 같습니다. 여전히 성에서 머물고 싶어 했습니다(창세기 19:17-20). 또 롯의 딸들과 정혼한 사위들이 어떤 사람들이었는지도 나타나 있습니다. 창세기 19:14에 보면, 천사들의 경고를 롯을 통해 들었을 때 그들은 이 경고의 말을 농담으로 여겼다고 했습니다. 하나님의 말씀을 농담 정도로 가볍게 듣는 사람들이 지금도 참 많습니다.

급히 떠나라고 하는데 지체하고, 산까지 도망치라고 하는데 작은 성 소알에 머물게 해달라고 간청하는 식으로, 롯은 모든 일에 있어서 순종에 관한 한 순도가 부족한 삶을 살았던 것입니다. 혹시 지금의 나는 롯과 같은 사람은 아닌가 스스로 돌아볼 필요가 있습니다. 하나님께서 나를 A라고 하는 길로 인도하시면 계속 A의 길로 가는 것이 마땅한데, "아니요. 나는 B 또는 C로 가게 하나님께서 나를 도와주십시오" 이렇게 주장하지는 않습니까? 이렇게 자기 생각과 뜻을 위해서 돕는 분으로만 하나님께서 존재해 주시기를 원하고, 또 그렇게 하셔야만 은혜의 하나님이 되신다고 생각하는, 이기적이기만 한 세속적 욕심으로 신앙생활을 하는 그리스도인이 바로 나 자신이 아닌지 반성해 보아야겠습니다.

한편 롯의 이런 삶의 태도에 대해 아브라함은 롯의 소돔 생활 이후에야 알게 되었을까 생각해 봅니다. 그렇지 않을 것이라 생각합니다. 계속 같이 사는 동안의 롯의 생활, 사고방식과 관심들, 그의 말, 그의 모든 결정, 또 자기의 종들을 부리는 방식, 가족을 이끌어 가는 생각들, 이런 모든 면에서 아브라함은 롯에 대하여 잘 알았을 것입니다. 그런데 아브라함이 롯에 대하여, 굉장한 배려와 사랑을 보여 준 것, 생활로 보여 준 것, 또 신앙의 모습으로 보여 준 것 등 많은 훌륭한 본을 보여 줌으로 배우게 한 것은 여기저기 나타나 있지만, 롯의 잘못을 직접적으로 말로 꾸짖고 지적해 주고 고쳐 주고 한 것은 성경 어디에서도 찾아보기 힘듭니다.

맨투맨에서 매우 중요한 것은 잘못을 바로잡아 주는 것입니다. 리더가 사랑과 본이 되는 삶을 보여 주는 것만으로는 충분하지 않은 것을 아브라함과 롯의 관계에서 배우게 됩니다. 말로도 직접 가르쳐 주어야 합니다. 잘못된 것에 대해 잘못된 것이라고 솔직하고 분명하게 말로 지적해 주어야 합니다. 롯이 분가해 나가기 위해 들을 선택할 때도, “그건 잘못된 것이다. 가능한 대로 다른 들을 선택하라”라고 한다든지, “가더라도 소돔과 가까운 곳으로는 가지 말아라”, 또는 “저 변방에 가 있더라도 죄악의 영향이 별로 없는 곳으로 가라” 등으로 경고한 것을 성경에서 찾아볼 수가 없습니다. 철저하게 그런 면에 영적 사고방식을 올바르게 갖도록 도와주었어야 하는데 그러지 못한 것 같습니다. 오늘날 기독교의 문제가 있다면 바로 그런 것입니다. 그냥 말없이 좋은 본을 보여 주는 것이 신사적이고 미덕이지, 자꾸 누구의 잘못을 지적하고 가르치거나 훈련시키려고 하는 것에 대해서는 잘못된 것처럼 생각하는 것입니다.

아브라함이 위대한 분인 것은 분명하고, 또 감히 그분에 대하여 어떤 평가의 말을 하는 것은 주제넘고 분수에 맞지 않는 죄송한 것이지만, 그래도 여전히 그의 삶을 통하여 큰 감동 가운데 배우면서도 아쉬운 점은 그가 롯에게 직접 하나님의 말씀을 전하면서 “이것은 잘못된 출발이다. 잘못된 판단이다. 돌이켜야 된다” 하고 어떤 경고나 질책을 해준 내용을 성경에서 찾아볼 수가 없는 것입니다. 물론 영적으로 높은 수준의 믿음을 가지고 있는 분이시기 때문에, 우리는 잘 모르고 있고 아브라함만 알고 행하신 어떤 행위나 비밀스러운 다른 이유가 있을 수도 있습니다. 그래도 롯이 포로로 잡혔다가 구출되어 왔을 때가 아마도 그를 충고해 줄 수 있는 가장 좋은 기회였다고 생각되는데, 그를 구출해 준 후에, "네가 그동안 이렇게 살아와서 그런 거야. 이제는 그렇게 살지 말고 따로 떨어져 살더라도 나 가까이 있어라"라든지, 하나님의 약속에 대하여 다시 기억시켜 준다든지 하는 시도가 없었던 것 같습니다. 아마도 롯이 여호와 하나님께 대한 신앙심은 있었지만 헌신은 매우 부족한 사람인 것을 아브라함이 잘 알고 있었기에 오직 사랑으로 본을 보이며 때를 기다리다가 기회를 놓친 것 같기도 합니다. 또 한 가지 아브라함의 입장에서 생각해 보면, 혹시 롯이 일찍 아버지가 죽은 후 아버지의 사랑과 보호 없이 살아왔으므로, 롯을 보기만 하면 삼촌으로서 그냥 안쓰럽고 애처로워서 웬만하면 이해하고 넘어갔기 때문에 그랬던 것이 아닌가 하는 생각도 듭니다. 그러나 일반적인 리더와 팔로워의 관계에서는 그런 지적하는 충고의 말을 할 때 혹 팔로워와 관계가 소원해지더라도 잘못된 것은 잘못되었다고 지적해 주는 것이 필요합니다(레위기 19:17, 마태복음 18:15, 잠언 19:20, 잠언 27:9, 잠언 12:15, 잠언 6:23, 골로새서 3:16, 디도서 1:9, 디도서 2:15). 롯이 그것을 잘 이해하지 못해 화가 나서 "왜 그런 말씀을 나에게 하십니까?"라고 항의하면서 다시는 못 볼 사람이 되어 원수처럼 헤어지더라도 올바른 길은 솔직하게 제시해 주어야 하는 것입니다.

사도행전 15:36-40을 보면, 매우 친하게 함께 선교를 하던 바울과 바나바가 요한 마가에 대한 의견 충돌로 서로 헤어지게 되었습니다. 그를 선교팀에 동반하게 하는 것에 대한 바울의 솔직한 반대 의견과 그에 대한 부정적 평가(사도행전 15:38, 사도행전 13:13) 때문에 마가와의 관계뿐만 아니라 바나바와도 서로 갈라서게 되었습니다(사도행전 15:39). 그러나 나중에 디모데후서 4:11에 보면, 오히려 마가는 바울에게 매우 필요한 인물이 되었고, 이전에는 걸림돌이었던 그가 이때는 동역자와 위로자가 되어 바울에게 없어서는 안 되는, 매우 절친하고 요긴한 관계가 된 것을 알 수 있습니다(골로새서 4:10-11, 빌레몬서 1:24). 그러므로 우리는 맨투맨 훈련에서 유익한 것은 꺼림이 없이 전달해 주고 가르쳐 주어야 합니다(사도행전 20:20). 여기에서 유익한 것이란 복음을 전하는 것뿐만 아니라 그리스도인의 믿음의 생활의 모든 영역, 즉 말과 생각과 태도 및 의식 구조와 가치관과 삶의 목표 등에 관련된 모든 필요를 돕는 데 유익하도록 가르치고 질책하고 권면하는 것을 다 포함하는 것입니다. 그렇게 할 때 처음에는 관계까지 문제가 될 수 있으나 결국은 그를 올바로 세워 주게 되고 서로의 관계도 더 진실하고 가까운 신뢰의 관계로 발전하게 됩니다. 개인적 지적이나 책망에 관하여, 마태복음 18:15, 갈라디아서 6:1, 로마서 15:14, 디도서 2:15, 에베소서 5:11에서 잘 보여 주고 있는데,

이 밖에도 더 많은 말씀들을 찾아 묵상해 보면 도움이 될 것입니다. 여기서 우리는 사람의 필요를 돕기 위해 책망을 할 때는 자신의 경험이나 의견보다 하나님의 말씀 중심으로 도와주는 것이 가장 좋은 방법임을 확신해야 합니다(디모데후서 3:16).

롯은 포로로 잡혀 갔을 때(창세기 14:14-16)와 소돔이 멸망될 때(창세기 19:29) 등 두 번이나 아브라함의 도움으로 목숨을 건졌습니다. 그래서 겨우 살아나긴 했지만 롯의 그 이후의 삶은 참 말하기도 부끄러운 일들이 계속 일어나게 되었던 것입니다. 따라서 헌신 없는 함량 부족의 배우는 태도, 이것이 그 사람의 운명을 좌우하게 되는 것을 봅니다. '내 삶 속에도 배우는 태도에 있어서 잘못된 것이 무엇인가?', '내가 하나님의 약속으로부터 조금씩 멀어져 지금은 얼마나 멀리 나가 있는가?', '그리스도의 첫사랑에 있을 때 불타던 그 마음이 지금도 나에게 있는가?', '영적 감각을 거의 잃어버린 가운데 세상일에 골몰하면서 살고 있는 나의 일상의 삶이 지금 나를 어디까지 잘못된 길로 더 멀리 끌고 가고 있는가?', 또 '맨투맨에서 나의 리더의 놀라운 신앙과 헌신된 삶을 늘 보면서도 내 비위에 맞는 것만 선택적으로 배우고 나의 삶은 헌신하지 않으며 여전히 세속적 욕심에 사로잡혀 살고 있지 않은가? 그렇다면 지금 이 순간 나는 어떤 새로운 결심을 해야 하는가?' 이런 점들에 대해 지금 아브라함과 롯 사이에 있었던 일을 통해서 스스로에게 질문해 보고 자신의 미래의 거룩하고 아름다운 동행을 위해 그에 따른 적용을 해야 합니다.

제 4 장

바울과 실라

고린도후서 1:19에 보면 실루아노라는 인물이 나오는데, 그는 사도행전에서는 실라라고 불린 사람입니다. 이 실라가 사도행전 16:19-40에 바울과 아주 아름다운 동행을 한 것이 기록되어 있습니다. 그 당시 예루살렘에서 어떤 일이 있었는지 먼저 알 필요가 있습니다. 바울 등 사도들과 또 믿는 사람들이 각처에서 열심히 복음을 전하자 이방인들 중에서도 이 복음을 받아들이고 믿는 사람들이 많이 생기게 되었습니다. 그러자 유대로부터 어떤 사람들이 내려와서 모세의 법대로 할례를 받지 아니하면 능히 구원을 얻지 못하리라고 가르치므로 바울과 바나바와 그들 사이에 많은 다툼과 변론이 일어났었는데, 이로 인해 형제들이 바울과 바나바, 그리고 몇 형제들을 예루살렘에 있는 사도들에게 보내어 이방인 그리스도인들이 율법을 지키고 할례를 받아야 되는지에 대한 문제를 논의하게 했습니다(사도행전 15:1-2).

이에 예루살렘에서 사도와 장로들이 모인 회의에서 믿는 이방인들도 역시 믿는 유대인들과 그리스도 안에서 서로 분간치 않고 동일한 형제 자매라고 공적으로 인정하는 것(사도행전 15:9)과 유대인들도 능히 메지 못하던 율법의 멍에로 이방인 그리스도인을 괴롭히지 말 것(사도행전 15:10), 그리고 이방인 그리스도인도 동일한 은혜로 구원받는 것(사도행전 15:11)에 대한 믿음 및 기타 그리스도인의 신앙생활의 지침들(사도행전 15:28-29)을 결정하였습니다. 그리고 이 중대한 결정 내용을 안디옥 교회에 가서 이방인 그리스도인들에게 선포해야 하는데, 그 선포가 어떤 한 사람의 말로 전달되는 것이 아니라 예루살렘 공회에서의 공식적 결정이라는 것을 공적으로 증언하기 위해 복수의 증인 두 사람이 따라가게 되었습니다. 그래서 사도 바울과 바나바가 이를 위해 갈 때, 동행한 한 사람이 유다이며 또 다른 한 사람이 곧 실라였습니다. 사도행전 15:22-33에 보면 이 두 사람의 이름이 나옵니다. 그래서 안디옥 교회에 가서 그 가결한 내용을 공표하였고, 이에 대해 실라와 유다가 함께 증거하였습니다.

실라는 유다와 함께 그런 역사적인 일에 있어서 공적인

증인이었습니다. 그 일이 끝난 후에 바울과 바나바는 그동안 자신들이 전도한 열매들이 말씀 안에서 정상적으로 잘 성장하고 있는지 돌아보는 양육 방문을 하기로 하고 계획을 세우던 중에 누구를 함께 데리고 갈 것인지에 대해 의견이 맞지 않는 일이 생겼습니다. 바나바는 요한 마가라고 하는 사람을 데리고 가길 원했는데, 바울은 이전에 이방 선교를 다닐 때 그 마가가 마음을 같이하여 가지 않고 밤빌리아에서 떠난 적이 있기 때문에 선교사로서 함께 다니기에 적절한 사람이 아니라고 하며 반대하였습니다(사도행전 13:13, 사도행전 15:38). 이렇게 의견 충돌이 생겨 결국 바울은 실라를 데리고 갔고, 바나바는 요한 마가를 데리고 배 타고 구브로로 갔습니다(사도행전 15:39-40). 그리고 사도행전 15장 33절과 어떤 사본의 34절 및 전체 내용의 흐름으로 볼 때, 같이 증인으로 왔던 유다만 예루살렘 교회로 돌아간 것으로 생각됩니다.

바울과 실라는 이때부터 같이 다니면서 함께 선교를 했는데, 사도행전 16장으로 넘어가면 그들이 새로운 곳에 도착한 이야기가 나옵니다. 그들이 도착하여 한 가지 중요하게 여기고 한 일은 기도처를 찾아다닌 것이었습니다(사도행전 16:13,16). 이는 그들의 선교가 개인적인 의향과 열정으로 하는 선교가 아니라 하나님 중심으로 하는 선교였음을 잘 나타내고 있는 것입니다. 그들이 기도하는 곳에 가다가 전하는 귀신 들린 여종 하나를 만나게 되는데, 이 여종이 바울과 그 일행을 쫓아다니며, "이 사람들은 지극히 높은 하나님의 종으로 구원의 길을 너희에게 전하는 사람이다" 하고 크게 소리치곤 했습니다(사도행전 16:17). 그것도 하루 이틀도 아니고 여러 날을 계속해서 그렇게 하자, 바울의 생각에는 마치 귀신들린 여종이 자기들의 선교를 돕고 있는 것처럼 보이도록 소리를 지르므로 그것이 바울에게는 망신스럽게 여겨져 너무도 괴로웠습니다. 그래서 바울은 그에게 접근해서 귀신을 내쫓았습니다. 그런데 귀신을 내쫓으니까 이 여종이 이때부터는 점을 못 치게 되었습니다. 그 여종의 주인들은 그 동안 그 여종이 점치는 것으로 인하여 돈을 많이 벌었는데, 이제 여종이 점을 못 치게 되니까 자기 이익의 소망이 끊어져 버림으로 인해 엄청나게 화가 났습니다. 그래서 그들은 바울과 실라를 잡아 가지고 관원들에게 끌고 가서 거짓 고발을 하였고, 결국 바울과 실라는 그곳에서 심하게 매질을 당하고 옥에 갇히게 되었습니다.

그들이 갇힌 곳은 빠져나올 수 없는 깊은 감옥이었습니다. 그리고 두 발은 차꼬에 든든히 채워졌다고 했습니다(사도행전 16:24). 가만히 실라 입장에서 생각해 보면, '나도 유다처럼 증인으로 왔던 일만 마치고 바로 예루살렘으로 돌아갔으면 이런 일이 없었을 텐데, 괜히 바울 따라왔다가 이게 무슨 꼴인가?'라고 후회하는 생각을 할 수도 있었을 것입니다. 또 언제 죽을지도 모르는 죽음의 공포에 빠져 있을 수도 있습니다. 또 옆에 있는 바울을 가만히 쳐다보니 원망스럽게 생각될 수도 있을 것입니다. '그냥 전도나 하고 다닐 것이지 쓸데없이 귀신 들린 자를 고쳐 주어서 이 고생을 하게 만드나?' 하고 생각하며 다시 그의 얼굴을 쳐다보니 점점 더 미워져서 결국 소리를 지르며 바울에게 불평하고 싸울 수도 있었습니다. 사도 바울이 "같이 기도하자!" 하는데, 실라는 "싫어요!" 하고, 그러자 바울이 "아이쿠, 미안하네!" 이렇게 대답하며 당황해하는 상황이 벌어질 수도 있었는데, 그런 일은 전혀 없었습니다. 그런 정황에서 실라는 어떻게 했습니까?

그들은 한마음으로 그 자리에서 같이 무릎을 꿇고 기도하고 함께 하나님을 찬미하였습니다(사도행전 16:25). 둘이 이 중창을 아주 잘 불렀던 것 같습니다. 그래서 다른 죄수들이 다 들었다고 했습니다. 다른 죄수들이 다 들을 정도로 크게 부르고 또 잘 부르니까, "시끄러워! 한밤중인데, 조용히 해!" 하며 성질부리는 사람 없이 다 잘 들었던 것 같습니다. 죄수들 중에는 항상 분노에 찬 성격을 가진 사람도 있었을 텐데 모두가 조용히 듣고 있었습니다. 이렇게 사도 바울이 찬양의 노래를 불렀다는 이야기를 우리는 그냥 지나쳐 버리고 말 수도 있지만, 잘 생각해 보면 우리도 찬송을 좀 잘해야겠다는 생가

이 듭니다. 그들이 잡혀 오는 동안 찬송가는 소지하지 못했을 텐데 아마도 찬송이 생활화되어 가사를 다 잘 외우고 있었던 것 같습니다. 마태복음 26:30과 마가복음 14:26에 보면, 예수님께서는 최후의 만찬 이후 자신의 죽음이 임박한 것을 아시면서도 감람산으로 가실 때 제자들과 찬송을 부르며 가셨습니다. 사도행전 2:47에서는 초대교회에서 찬송에 힘쓴 것과 그 결과를 찾아볼 수 있습니다. 베드로전서 1:3에서 베드로는 "찬송하리로다!"를 외쳤습니다. 에베소서 5:19, 골로새서 3:16에서도 찬송을 강조하고 있습니다. 또한 히브리서 13:15에서는 찬송이 하나님께 드리는 제사라고 말씀하고 있습니다. 찬송은 그리스도인의 영적 일상이 되어야 합니다.

이렇게 찬송을 부르고 죄수들이 듣고 있는 동안에 놀라운 사건이 일어났습니다. 큰 지진이 일어난 것입니다(사도행전 16:26). 이 지진은 자연스러운 지진이 아니라 하나님께서 그들을 살리기 위해 일으키신 지진이었습니다. 요나단과 병기 든 자가 블레셋과 싸울 때도 지진이 났었습니다. 하나님께서 친히 하신 일입니다. 옥 터가 마구 흔들리더니 옥문이 열리게 된 것입니다. 옥에는 다른 죄수들도 있었는데, 이들 죄수들 중에는 바울과 실라처럼 억울하게 잡혀 들어온 사람도 있었을 것입니다. 그들의 차꼬도 척척 다 벗어지게 되었습니다. 간수가 그것을 보고, '어이쿠 이거 큰일 났구나! 만약 죄수 한 명이라도 탈옥을 하게 되면 간수인 내가 책임을 지고 처형을 당할 것인데, 차라리 자결하자' 하고 칼을 빼어 죽으려 하자, 그 순간 "잠깐만!" 하면서 사도 바울이 크게 외쳐 말리고, 그에게 "우리가 다 여기 있고 아무도 도망가지 않으니 네 몸을 상하지 말라!"라고 말했습니다. 그러자 30절에 간수가 뭐라고 그랬습니까? 간수가 "선생들아, 내가 어떻게 하여야 구원을 얻으리이까?" 하니, 31절에서 바울은 "주 예수를 믿으라. 그리하면 너와 네 집이 구원을 얻으리라!" 하고 그곳에 있는 모든 사람들에게 복음을 전했습니다. 그 간수에게 이것보다 더 좋은 소식이 어디 있겠습니까? '이제 난 죽었다!'라고 생각했는데, 예수님을 믿고 자기도 구원받고 그의 모든 가족들도 다 믿고 구원받게 되었습니다(사도행전 16:32-34).

또 35-40절에 보면, 이 사건으로 말미암아 사도 바울은 당당하게 옥에서 나갈 수 있게 되었습니다. 이때에 이 옥을 관리하던 상관들은 겁이 나서 아무 일도 없었던 것처럼 바울과 실라를 가만히 내보내려고 아전을 시켜, "이제는 나가서 평안히 가라"라고 하였습니다. 그런데 사도 바울은 그렇게 하도록 하지 않았습니다. 바울은 자신들이 로마 사람인 것을 말하며, "로마 사람인 우리를 죄도 정치 아니하고 공중 앞에서 때리고 옥에 가두고 있다가 이제는 가만히 우리를 내어보내고자 하느냐? 아니라. 친히 지접 와서 우리를 공적으로 데리고 나가야 한다"라고 주장하였습니다. 그러자 그들은 두려워하면서 직접 데리고 나가 성에서 떠나기를 청하였고, 이렇게 바울과 실라는 당당하게 옥에서 나갔습니다.

우리는 이 놀라운 일의 결과만 주로 생각하는데 그 과정 속에 숨어 있는 놀라운 비밀은 바로 바울과 실라의 거룩하고 아름다운 동행이었습니다. 두 사람의 놀라운 신뢰심과 합심, 그리고 서로 사랑하고 한마음이 된 리더와 팔로워의 관계, 놀라운 팀 스피릿, 인간적 계산이나 인간적 판단이 아니라 믿음으로 행하는 삶, 기도하는 삶, 찬양하는 삶, 그리고 즉시 복음을 전하는 전도의 스피릿 등의 진정한 아름다운 동행으로 말미암아 이런 놀라운 역사를 일으키게 된 것입니다.

제 5 장

바울과 디도

갈라디아서 2:3에 보면, 디도는 헬라 사람이었습니다. 그런데 고린도후서 8:23에서 바울은 디도를 가리켜서 '나의 동무' 곧 친구라고 하였습니다. 친구 관계는 중간에 막힌 담이 없이 아주 편안하게 자기 마음의 짐, 즐거움, 또는 비밀스러운 고민까지도 서로 다 나누는 사이인 것입니다. 아마도 바울은 디도를 만나면 스스럼없이 속마음을 다 털어놓고 감정까지도 서로 이야기를 나누었을 것입니다. 뿐만 아니라 바울의 선교에 있어서는 디도에 대하여 '너희를 위한 나의 동역자'라고 하였습니다. 바울은 자신이 사역에서 어떤 힘들고 어려운 일이 있어서 누구에게 맡겨야 할 경우가 생기면 디도에게 부탁할 정도로 그는 신뢰받는 유능하고 충성된 동역자였습니다. 또 책임을 맡기면 간절함과 자원하는 마음으로 나아가는 사람이지 자신이 좋아하는 일만 선택적으로 받아들이는 사람이 아니었습니다(고린도후서 8:16-17).

디도서 1:5에 보면, 디도에 대한 사도 바울의 신뢰가 어느 정도였는지 알 수 있습니다. 그레데에 디도를 떨어뜨려 두었다고 하였습니다. 떨어뜨려 두었다는 것은 처음부터 미리 계획을 세워서 몇 년 몇 월 며칠에는 디도를 파송하고, 몇 월 며칠에는 다른 누구를 어디에 파송하고 하는 식으로 계획을 세워 그 계획대로 실행하는 것이 아니고, 그냥 선교 여행 도중에 여기에 많은 필요가 있으니 여기에 머물라고 하는 식으로 결정한 것입니다. 이렇게 할 때 만약 디도가 사도 바울을 신뢰하지 않았다면, "세상에, 선교사 파송을 어떻게 그렇게 갑작스럽고 즉흥적으로 결정합니까?" 하고 항의할 수도 있었을 것입니다. '갑자기 계획 세우고 갑자기 충동적인 요구를 하시는 것은 따를 수 없다'라는 반응이 나올 수도 있는 것입니다. 지난 50여 년의 우리의 사역에서 그렇게 무계획적으로 하지 않았는데도 그런 부정적인 반응을 보이는 사람들을 종종 경험해 왔었습니다.

그러나 디도는 그렇지 않았습니다. 그대로 바울의 요구에 따라 그레데에서 사역을 했습니다. 그리고 바울은 디도에게 그레데에서 해야 할 목표를 주었습니다. 그곳의 그리스도인들에게 부족한 것이 보이므로 그 부족을 바로잡는 것과 그곳 성도들에게 영적 리더가 없으니까 장로들을 세우는 것이 디도가 앞으로 해야 할 일이었습니다. 그러면서 이 그레데 사람들은 옛날부터 전해 오는 말이 항상 거짓말쟁이며 악한 짐승이며 배만 위하는 게으름쟁이들이라고 했는데 그 증거가 참되다고 바울 스스로가 평가를 했습니다(디도서 1:12-13). 그레데에 가면 지금도 세계적으로 요리로 유명한 곳이 있다고 합니다. 옛날부터 먹을 것, 배만 위하는 역사가 있어서 그런지 모르겠습니다. 그런데 이러한 말을 통해서 생각할 수 있는 것은 곧 그곳이 선교지로서는 아주 힘든 곳, 자갈밭과 같은 곳이라는 것입니다. 그런데 그런 곳에 자기가 가장 중요하게 여기는 자기 동무요 동역자며, 디도서 1:4에서는 참아들이라고 부른 디도를 파송하고 싶겠습니까? 디도로서도, '기왕이면 사역이 잘되는 최상의 선교지로 파송되어 성공적인 선교의 롤모델이 되게 계획을 세우지 않고, 왜 하필이면 그런 척박한 곳에 나를 보내는가?' 하는 생각이 들 것입니다. 그런데 사도 바울은 가장 힘든 선교지에 가장 친밀하고 신뢰하는 디도를 보냈습니다.

이것은 인간적인 어떤 계산을 하지 않고 정말 뛰어난 영적 분별력 가운데서 그들의 진정한 필요를 채워 줄 수 있는 사람은 디도밖에 없다는 것을 잘 알고 그렇게 한 것입니다. 그리고 또 그를 보낼 때 그런 일에 복잡한 문제를 야기하지 않고 단순한 마음으로 순종할 사람은 디도가 최적임자라는 것을 사도 바울은 잘 알았던 것입니다. 누구를 보내려고 할 때, '나는 안 가겠습니다! 차라리 나는 당신을 떠나겠습니다!'라는 반응을 보일 사람이 많은 그런 척박한 선교지에, 그것도 선교 여행 중에 갑작스러운 결정으로 그곳에 떨어뜨려 놓으려는 결정에도, 디도가 '왜 하필 이런 곳에? 왜 하필 나를?' 하는 인간적 생각이나 감정을 조금도 갖지 않고 순종한 것이 참으로 놀랍습니다. 우리도 맨투맨에서 또는 팀웍에서 늘 일어나는 일들 속에서, 이런 결정을 해야 할 일이 생길 때, 우리가 어떤 믿음과 태도를 가져야 하는가에 대하여 바울과 디도의 이 아름다운 동행과 친밀한 관계의 모범을 통해 배워야 합니다.

사도행전 8장을 보면, 스데반의 순교 이후 예루살렘에 있는 교회에 큰 핍박이 일어나므로 그곳을 피하여 흩어진 사람 중에 빌립이 있었는데, 그는 사마리아 성에서 전도하여 그곳에 복음의 역사가 놀랍게 일어나고 있었습니다. 예루살렘에서의 핍박 때문에 흩어진 그리스도인들로 인해 이방인에게는 복음의 문이 활짝 열리는 계기가 되도록 하시는 하나님의 인도하심이 놀랍습니다. 그런데 빌립의 사마리아 성 선교가 성공적으로 진행될 때 그것이 사람의 계획에 의한 선교라면 틀림없이 빌립을 그곳에 계속 머물게 하여 성공적인 사역을 지속하도록 했을 것입니다. 그런데 불 일듯 일어나는 복음의 역사 중에 하나님께서는 이상하게도 주님의 사자를 통해 빌립을 부르셔서, 일어나서 남으로 향하여 예루살렘에서 가사로 내려가는 길까지 가라고 하셨는데 그 길은 광야였습니다(사도행전 8:26).

빌립의 입장에서 생각해 보면, '지금 한창 사역이 놀랍게 진행되고 있는데 왜 하필 나를 다른 곳으로 가라 하실까? 그것도 선교는 사람이 많은 곳이어야 하는데, 사람도 없는 광야로 가라고 하실까? 내가 잘못 들은 것은 아닐까?' 하여 따르지 않을 수도 있습니다. 그러나 빌립은 이러한 개인의 생각과 판단에 매여 있지 아니하고 순종하여 일어나 갔고 거기서 하나님을 찾고 있는 에디오피아 내시가 이사야서를 읽고 있는 것을 보았습니다(사도행전 8:27-28). 빌립은 그 내시에게 달려가서 복음을 전하였고 그 내시에게 놀라운 변화가 일어났습니다. 빌립이 이때 사마리아 성의 성공에만 도취하여 하나님의 새로운 지시에 순종하지 않았다면 에디오피아 복음화에 어떤 결과가 일어났을까를 상상해 보면서, 항상 하나님의 계획은 최선이며 주님의 일꾼의 단순한 순종은 아름다운 결과를 가져온다는 것을 배우게 됩니다.

빌립과 디도의 단순한 순종의 교훈이 우리 개인의 입장에서 발생하는 복잡한 이론과 변명과 고집을 덮어 버리도록 기도해야 하겠습니다.

제 6 장

바울과 에바브로디도

빌립보서 2:25-30에 보면, 에바브로디도에 대하여 바울은 '나의 형제'라고 했고, '함께 수고하는 자'라고 표현했고, 또 '함께 군사 된 자'라고도 하였습니다. 함께 군사 된 자라는 말 속에는 바로 영적 전투에서 생명을 같이하는 관계라는 의미가 내포되어 있는 것입니다. 주님의 군사로서 함께 마귀를 대적하여 싸우는 전우의 관계로 확신을 가지고 있는 사람이었습니다. 또 '너희 사자로 나의 쓸 것을 돕는 자'라고도 하였는데 이것은 선교를 위한 재정적 필요의 책임을 맡은 사람이라는 뜻입니다.

이렇게 중요한 인물인 그가 빌립보서 2:27에 보면 병들어서 죽게 되었습니다. 소중한 하나님의 일꾼이 병들어 죽게 되었을 때 많은 빌립보 교인들과 바울 자신도 큰 근심 걱정에 빠지게 되었고 매우 열심히 그를 위해 기도를 많이 했습니다. 또 그런 사실을 에바브로디도 쪽에서도 알고 자기 때문에 근심하고 있는 그들로 인하여 자기도 심히 근심하고 있었기 때문에, 바울은 하나님께서 에바브로디도의 건강을 회복시켜 주셨을 때 이러한 그들의 서로의 걱정을 덜어 주기 위해서 그를 빌립보 교회로 급히 서둘러 보냈습니다(빌립보서 2:26-28). 그리고 그리스도의 일을 위해 목숨도 돌아보지 않을 만큼 헌신적인 에바브로디도를 모든 기쁨으로 영접해 주고 그를 귀히 여기라고 빌립보 성도들에게 부탁까지 하였습니다(빌립보서 2:29-30).

빌립보 교인들과 에바브로디도와 사도 바울의 관계는 감정적으로도 아주 깊은 우정 가운데 있는 것을 우리는 이 말씀들을 통해서 알 수 있습니다. 언뜻 생각하면 바울은 냉철한 목표 중심적인 사람으로만 생각하기 쉬우나 그에게 이런 속 깊은 우정이 있었던 것을 배우게 됩니다. 바울은 활동 중심적인 전도만 한 것이 아니라, 사도행전 17:34에 보면 사람들과 가까이 친하게 지냄으로 그들을 믿게 한 것을 볼 수 있는데, 이런 친한 관계를 통한 전도도 우리는 잘 배울 필요가 있습니다.

그래서 우리의 맨투맨 제자 훈련에서도 매우 필요한 것이 바로 이러한 친밀한 우정(friendship)입니다. 이런 우정의 관계를 가진 사람은 만약 그 사람이 없으면 큰 손실과 감정적 어려움까지 느끼게 되는 사람입니다. 정말 그렇게 마음을 나누고, 감정적으로도 사랑하고, 함께 배려하고 염려하고, 함께 걱정해 주고, 그리고 그 근심하는 마음을 해결해 주기 위해서 계획을 세워 실천하는 관계가 곧 진정한 우정입니다. 그래서 리더와 팔로워의 관계에서 이런 우정을 실천하는 것을 에바브로디도와 바울의 밀착된 아름다운 동행의 관계를 통해 우리가 배워야 하겠습니다.

우리는 우리를 돕고 이끌어 가는 영적 지도자들은 외로움이나 두려움 또는 갈등이 없는 사람들인 것처럼 착각하든지 또는 그런 사람이기를 기대하고 있는 것 같습니다. 바울을 한번 생각해 보면, 성경에 나타난 일반적인 그분의 인상은 견고한 믿음과 목표 중심으로 아무 두려움과 외로움도 없이 푯대를 향해 나아가는 매우 강인하기만 한 사람처럼 느껴집니다. 그래서 그분이 로마까지 죄수의 몸으로 붙잡혀 가는 동인의 모습도 죄수의 초라한 분위기가 느껴지기보다는 하나님의 권능으로 모든 여건과 분위기를 신앙적으로만 이끌어 가는 강인한 모습이었습니다.

바울은 유대인의 최고 법정인 공회에서도(사도행전 22:30) 사두개파와 바리새파가 서로 견해가 다른 상황을 잘 이용하여 부활을 피력함으로 두 파가 서로 싸우게 되었고(사도행전 23:1-9), 그 후 총독 벨릭스 앞에서도 당당하게 예수님의 부활과 심판을 전함으로 그를 두려워하게 하였으며(사도행전 24:21-27), 그 결과 벨릭스는 새로운 총독인 베스도가 부임할 때까지 바울을 구류하였다가 베스도에게 바울에 대한 결정을 하도록 임무를 넘겨주었습니다. 그러나 바울은 베스도와 아그립바 왕 앞에서 오히려 지혜롭고 담대하게 자신의 간증과 그리스도의 고난과 죽으심 및 부활 등을 외쳤으며, 자기가 결박된 것 외에는 아그립바 왕도 자기와 같이 되기를 원한다고 확신 있게 변론을 했습니다. 아그립바는 베스도에게 만약 바울이 가이사에게 상소하지 아니하였더라면 놓을 수 있을 뻔하였다고 말했습니다(사도행전 26:31-32). 그 후 로마까지 가는 동안 바다에서 광풍을 만나다 죽을 뻔한 과정에서는 죄수의 몸으로 오히려 그들의 인도자 역할을 한 것이 놀랍습니다. 이 모든 극한의 과정에서 바울은 두려움도 외로움도 갈등도 없는, 강인하기만 한 분같이 느껴집니다.

그런데 사도행전 28:15을 읽어 보면, 로마 입구에서 압비오 저자와 삼관까지 로마에 있는 형제들이 바울을 맞으러

나오니 바울이 그들을 보고 하나님께 감사하고 담대한 마음을 얻었다고 기록된 것을 볼 수 있습니다. 이 구절에서 바울은 겉으로 보이는 우리의 느낌과는 달리 그분도 형제들을 보고서 담대한 마음을 얻었다고 한 것은 그동안 개인적으로 마음속에는 두려움과 외로움 또는 기타 어려운 감정이 있었음을 알 수 있습니다.

사도행전 18:5에 보면, 실라와 디모데가 마게도냐에서 내려와 바울에게 오자 바울이 하나님의 말씀에 붙잡혀 유대인들에게 예수님은 그리스도라고 밝히 증거하였다고 했습니다. 물론 이전까지의 바울의 행동에서도 두려움이나 외로움 또는 어떤 갈등은 별로 없는 분 같고 오직 능력이 충만한 가운데 선교에 집중한 것 같은 인상이 느껴집니다. 열심히 장막을 손수 만들어 선교비와 생활비를 충당하고, 가는 곳마다 회당에서 강론하며 거침없이 복음을 능력 있게 전하였습니다. 그랬던 바울이지만 자기의 팔로워인 실라와 디모데를 만남으로 큰 격려와 위로와 용기를 얻게 되어 말씀에 붙잡혀 더욱 담대히 그리스도를 증거하게 된 것을 보게 됩니다. 그러므로 우리도 우리의 영적 지도자를 격려하고 그분들로 더욱 더 능력 있게 하나님을 섬기도록 영적 활기를 북돋아 주는 일을 잘해야 합니다.

우리도 에바브로디도처럼 복음을 위한 형제로서, 전우로서, 충성된 팔로워로서, 또 친밀한 친구로서 신실한 마음으로 리더를 격려해 주는 사람이 되어야 합니다. 리더도 격려가 필요한 사람입니다. 영적 지도자들로 하여금 복음의 사역에 큰 진보가 있을 수 있도록 그분들과 함께 이 세상을 마치는 순간까지 충성되이 아름다운 동행을 지속해야 할 것입니다. 물론 형제들에 의해 바울이 힘을 얻고 격려가 되었다고 해서 다른 때는 바울이 자신의 진정한 감정을 숨기고 겉으로만 담대한 척한 것은 아닙니다. 어려울 때마다 주님께서 때에 맞게 나타나셔서 개인적으로 바울을 담대하도록 격려를 해 주셨습니다(사도행전 14:3, 18:9, 23:11, 27:23-24). 이로 인하여 감당하기 어려운 위협과 고통과 공포스러운 모든 일들을 만나면서도 거침없는 담대한 용기로 하나님의 사명에 충성할 수 있었던 것입니다.

그러나 바울은 '나에게는 나를 개인적으로 도와주시는 하나님이 계시니 다른 이들의 격려나 기도가 필요 없다'라고 생각하지 않았습니다. 오히려 에베소서 6:19-20에서 성도들에게 자신의 담대함을 위해 기도 부탁을 하고 있는 것을 볼 수 있습니다. 골로새서 4:3-4, 데살로니가후서 3:1-2, 데살로니가전서 5:25 등의 말씀에서 바울의 간절한 기도 부탁을 읽을 수 있습니다. 마태복음 28:20에 주님께서 지상사명을 주심과 동시에 "세상 끝 날까지 너희와 항상 함께 있으리라" 라고 약속하셨으니 영적 지도자들의 필요에 대하여 '주님께서 친히 해주실 거야' 하고 방관적 태도를 가지면 안 됩니다. 왜냐하면 같은 사명을 가진 우리 모두가 서로를 위해 그들의 담대함을 북돋아 주는 적극적 협력과 중보의 기도를 하는 것 자체가 서로가 한 몸 지체로서 같은 부르심을 위한 아름다운 동행을 하는 태도요 삶이기 때문입니다. 땅에 떨어진 어떤 물건을 주울 때 손가락 몇 개만 움직이는 것이 아니라 발과 다리와 허리와 온몸의 근육과 관절이 모두 한꺼번에 동원되는 것같이 한 몸 지체로서의 그리스도인 삶도 그렇게 협력해야 하는 것입니다. 디모데전서 2:1 말씀과 같이 서로를 위해 간구와 기도와 도고와 감사를 함으로 서로를 격려하는 삶을 잘 살아야 합니다.

제 7 장

바울과 오네시보로

디모데후서 1:16-18 말씀을 보겠습니다.

원컨대 주께서 오네시보로의 집에 긍휼을 베푸시옵소서. 저가 나를 자주 유쾌케 하고 나의 사슬에 매인 것을 부끄러워 아니하여 로마에 있을 때에 나를 부지런히 찾아 만났느니라. (원컨대 주께서 저로 하여금 그날에 주의 긍휼을 얻게 하여 주옵소서.) 또 저가 에베소에서 얼마큼 나를 섬긴 것을 네가 잘 아느니라

이 구절 바로 앞 15절을 보면, "아시아에 있는 모든 사람이 나를 버린 이 일을 네가 아나니"라고 한 내용이 있습니다. 이미 디모데가 잘 아는 바와 같이 처음에 바울을 따르던 아시아의 많은 사람들이 믿음의 시련이 오자 모두 바울을 배반하였었습니다. 바울에게는 늘 헌신된 그리스도인들이 주변에 가득 넘치고 있는 것으로 상상하기 쉬우나 이렇게 배신하고 떠나는 사람들도 많았습니다. 그중에 부겔로와 허모게네는 그들의 이름이 언급되는 것으로 보아 바울의 사역에서 열쇠가 되는 인물들인 것 같은데, 그들도 떠났습니다. 중도하차하는 것보다는 처음부터 없는 것이 오히려 주님의 일꾼에게는 덜 상처가 되는 것입니다. 이런 힘 빠지는 경험 속에서 배신한 그들에 비해 보석같이 빛나는 한 사람이 바울의 마음에 떠올랐습니다. 그의 이름은 곧 오네시보로였습니다.

오네시보로는 사도 바울이 에베소에 있을 때 열심으로 바울 개인과 선교를 위해 섬겼습니다. 그리고 바울이 로마 감옥에 있을 때는, 로마의 어느 한 감옥에 갇혔다는 말을 듣고는 그 감옥이 어디에 있는지도 잘 모르면서 에베소에서 로마까지 찾아가서 수소문 끝에 결국 그를 만났습니다. 당시는 요즘처럼 교통이 편리한 때가 아니었습니다. 걸어가거나 말을 타고 가거나 할 수밖에 없는 그런 힘들고 먼 길을 끝까지 찾아가서 어느 감옥인지도 모른 채 이 감옥에도 가고 저 감옥에도 가보며 헤매고 다녔을 것입니다. 그를 찾다가 잘못 오해를 받으면 자기도 감옥에 갇힐 수도 있을 텐데 그런 위험도 무릅

쓰고 바울을 찾았습니다. 그는 결국 사도 바울을 찾아내서 만났습니다. 그를 찾아낸 후부터는 열심히 찾아가 만나 그를 유쾌케 했다고 하였습니다. 평소에 가까이 지내다가도 감옥에 갔다고 하면 그때부터라도 그 사람과 관계를 끊는 것이 자기에게 유리하겠다고 생각하기가 쉽지 않겠습니까? 그런데도 오네시보로가 그렇게 열심히 바울을 찾아다니며 그를 만나러 갔다는 것은 얼마나 놀라운 관계입니까?

또 사도 바울을 자주 유쾌케 했다고 했는데, 어떻게 유쾌케 했을까 궁금하여 생각해 보니 두 가지 상상이 떠올랐습니다. 한 가지는 재미있는 이야기나 요즘 유행하는 퀴즈 문제 같은 것을 내서 유쾌케 하지 않았을까 하는 생각도 듭니다. 예를 들어, 사도 바울이 잘 아는 분 중 한 분이 베드로인데, 바울에게 오네시보로가 묻습니다. “바울 사도님, 베드로 사도님이 제일 좋아하는 사람이 누군지 아세요?” “글쎄, 요한이겠지?” “아닌데요!” “그럼 난가?” “아닌데요!” “그럼 누구?” “피터팬인데요!” 이렇게 해서 사도 바울의 마음을 유쾌케 해주었을 수도 있을 것입니다. “하나 더 할께요” 하며 또 문제를 냈습니다. “어떤 사람이 태양에 대한 조사와 연구를 많이 하여 항상 태양에 관한 논문을 써서 발표하는 사람이 있는데, 누군지 아세요?” “아, 그거 내가 알지.” “누구죠?” “해 리포터지.” 그런데 사도 바울이 이런 이야기들만 가지고는 그렇게 유쾌하지는 않았을 것 같습니다.

“더 감동적인 유쾌한 이야기는 없나?” “아, 한국에 네비게이토가 있는데 거기 한 지구에 일본 형제인 야마다라는 형제가 있습니다. 그 형제가 일본에서 한국의 권혁준 선교사를 통해 예수님을 믿고 제자 훈련을 더 잘 받기 위해 한국에 와서 학원 강사를 하면서 지금 열심히 배우고 훈련받고 있습니다.” 이런 종류의 이야기를 듣고는 사도 바울은 감명을 받고 정말로 마음이 유쾌하게 되었을 것입니다. “우리 무릎을 꿇고 같이 그 야마다 형제를 위해 기도하자” 하며 같이 감사하고 간절한 마음으로 그를 위해서 기도했을 것입니다. 오네시보로는 당시의 에베소 교회나 로마의 성도들 중에서 많이 들은 이러한 간증의 이야기들을 계속 바울에게 전해 주었을 것입니다. 오네시보로는 바울이 감옥에 갇혀서 답답한 가운데 있을 때, 이렇게 주님의 역사가 지금도 끊임없이 진행되고 있는 이야기들을 그에게 계속 들려주었을 것입니다. 바울이 또 다른 곳으로 이송해 가면 거기에도 찾아가서 그를 유쾌케 해주었을 것입니다.

이처럼 바울을 귀하게 여긴 이유가 무엇이겠습니까? 인간적으로 친한 그런 것만은 아닙니다. 바울이 하나님 앞에서 어떻게 중요한 인물인가 하는 그 가치를 믿음으로 잘 알고 있었기 때문에 그를 이처럼 섬긴 것입니다. 그래서 우리도 우리가 함께하고 있는 그 맨투맨 관계를 인간의 시야로 보지 말아야 하는 것입니다. 인간적인 시야로 보면 서로의 약점들이 더 먼저 보이고 더 많이 보일 수 있습니다. 그리고 그 약점은 너무도 명확하다고 생각됩니다. 그렇게 되면 우리의 맨투맨은 금이 가고 틈이 벌어져 허무하게 무너지고 마는 것입니다. 이런 부정적 판단을 하고 있으면 우리도 언젠가는 부겔로와 허모게네가 될 수 있는 것입니다.

제 8 장

바울과 누가

골로새서 4:14에 보면, 사도 바울은 누가에 대하여 '사랑을 받는 의원 누가'라고 하였습니다. 그래서 누가는 직분이 의사라는 것과 그의 인품은 사랑을 받는 사람이었다는 것을 알려 주고 있습니다. 또 바울뿐만 아니라 주변의 수많은 그리스도인들이 그를 사랑하고 있었습니다. 그가 의원이기에 그의 도움으로 병 치료를 받았기 때문에 그를 사랑한 면도 있을 수 있지만, 그것보다는 하나님께 대한 그의 신앙과 헌신 때문에 사람들이 누가를 많이 사랑한 것이라 생각됩니다. 사도행전 16:10에 보면, "우리가 곧 마게도냐로 떠나기를 힘쓰니"라고 한 기록이 있는데, 여기 '우리가'라는 말 속에는 누가가 포함되어 있습니다. 사도행전과 누가복음을 쓴 저자인 누가가 여기 '우리' 중 한 사람이기 때문입니다. 그는 바울과 함께 바울이 로마에 갇혀 있을 때까지 동행한 사람이었습니다. 바울의 사역을 도와주고, 그를 통해 배우고, 그의 행적도 기록하고, 그리고 바울의 건강도 돌봐 주고, 이렇게 하기 위해 바울의 대부분의 선교의 여정에서 끝까지 바울과 함께한 사람이 바로 누가였습니다.

디모데후서 4:10 내용을 읽을 때 사도 바울의 인간적으로 매우 외롭고도 괴로운 마음을 엿볼 수 있습니다. 앞부분에 "데마는 이 세상을 사랑하여 나를 버리고 데살로니가로 갔고"라는 이 짧은 한 문장 속에 드러난 사도 바울의 감정을 깊이 묵상해 볼 수 있습니다. 이 데마는 과연 어떤 사람이었습니까? 빌레몬서 1:24에 보면, "나의 동역자 마가, 아리스다고, 데마, 누가가 문안하느니라"라고 하였습니다. 또 골로새서 4:14에서도 데마는 누가와 함께 문안하는 명단에 있던 사람이었습니다. 이렇게 빌레몬서와 골로새서를 쓸 때까지도 데마는 바울과 같이 문안하는 선교사 팀의 한 동역자였습니다. 그랬는데 디모데후서를 쓸 때에는 세상을 사랑하여 바울을 버리고 데살로니가로 갔다고 기록하고 있는 것입니다. 참으로 슬픈 일입니다. 데마 자신에게나 그를 개인적으로 도와주던 사도 바울에게도 굉장히 슬픈 일이었습니다.

디모데후서 4:10 후반부에 보면, 그레스게는 갈라디아로, 디도는 달마디아로 갔고, 12절에서 두기고는 에베소로 보내었다고 했습니다. 여기에 언급된 이 사람들이 여기저기로 흩어져서 간 것은 선교를 위해서 긍정적인 의미로 간 사람도 있지만, 어떤 사람은 사도 바울과 마음이 안 맞아서 떠난 사람도 있을 것입니다. 하나님을 떠나거나 선교사로서의 삶을 떠나지는 않았지만, 적어도 바울과의 팀웍이 싫어서 떠난 사람들도 있었을 것입니다. 그런데 디모데후서 4:11에 보면, 이 사람 저 사람이 여러 긍정적인 또는 부정적인 이유로 다 떠나고 없는 가운데서 "누가만 나와 함께 있느니라"라고 하였습니다. 이것은 참으로 굉장한 의미입니다. 다 떠났는데 누가만 사도 바울과 끝까지 함께하고 있었던 것입니다. 참으로 끝까지 충성스러운 사람이고, 사도 바울의 신변에 매우 필요한 사람이었습니다. 만약 누가마저 떠났다면 사도 바울이 엄청나게 외롭고 힘들지 않았을까 하는 생각이 듭니다. 그런데 그가 끝까지 바울과 함께 있었습니다. 바울은 이처럼 힘든 상황이기 때문에 디모데에게 보낸 편지에서 그에게 어서 속히 오라고(디모데후서 4:9) 썼을 것이라고 생각됩니다.

그리고 올 때는, 과거에 바울이 한때는 일심으로 함께 선교를 못 할 사람이라고 생각되어 포기했던 마가를, 지금은 그가 필요하니 데리고 오라고 11절에 썼습니다. 그런데 이렇게 데려오라고 한 마가는 바로 마가복음을 쓴 사람이고, 누가는 누가복음을 쓴 사람입니다. 한 사람은 처음부터 끝까지 변함없이 따른 사람이고, 또 다른 한 사람은 한때 선교사 팀으로는 불합격된 사람이었지만 지금은 유익하므로 데려오라고 한 사람이었습니다. 그들의 삶의 결과 그들이 그렇게 되기까지에는 그 사이에 여러 사연들이 있었습니다. 마가는 이전에 바울과 헤어질 때 바나바를 따라 구브로로 갔고 그때 이후로는 별 다른 기록이 없는데, 나중에는 베드로가 그를 도와준 기록이 있습니다. 그래서 한때 불합격자라고 해서 그것으로 끝난 게 아니라는 것입니다. 그 정황을 보면 아마도 마가는 그 당시에는 누구를 따라갔든지 선교사로서는 잘 안 맞는 사람이었던 것입니다. 바울에게도 안 맞고, 바나바에게는 그의 생질인데도(골로새서 4:10) 불구하고 결국은 잘 안 맞았던 것 같습니다. 그렇지만 나중에 베드로가 그를 데리고 함께 있었고 베드로의 믿음의 아들로 여김을 받았습니다(베드로전서 5:13). 그리하여 마가는 베드로로부터 신앙을 배우게 되었고 또한 그로부터 예수님에 관한 이야기들을 구체적으로 많이 듣게 되었으며, 또 성령께서 그런 모든 것을 깨닫게 해주심으로 결국 마가복음을 쓰게 하신 것입니다. 그러므로 한때 잠시 실패했다고 해도 이후 다른 누군가와의 맨투맨에서 성공적으로 훈련받고 배우면 결국은 이처럼 선한 결과가 있게 되는 것입니다.

다시 디모데후서 4장으로 돌아가서, 16절에 보면 "내가 처음 변명할 때에 나와 함께한 자가 하나도 없고 다 나를 버렸으나"라고 했습니다. 이어 20절에, "에라스도는 고린도에 머물렀고 드로비모는 병듦으로 밀레도에 두었노니"라고 하며, 자기와 함께 있다가 떠난 사람들에 대한 사정을 기록하고 있습니다. 그런데 21절에 보면, "으불로와 부데와 리노와 글라우디아와 모든 형제가 다 네게 문안하느니라"라고 썼습니다. 앞에서는 누가만 함께 있고 다 자기를 떠났다고 하였는데 이렇게 21절에서는 다른 형제들이 함께 문안한다는 것이 얼핏 앞뒤가 맞지 않는 것처럼 생각될 수 있는데, 이 점은 21절에 나오는 이름들은 그 지방의 성도들이지 사도 바울의 선교사 팀은 아닌 사람들이었던 것으로 보면 이해가 됩니다. 그래서 실제 선교사 팀에 해당하는 사람들은 다 떠났고 누가만 혼자 남아 있는 상황이 되었고, 그 지방 성도들은 여전히 함께 신앙생활을 하고 있었던 것으로 이해가 됩니다.

그런데 이 누가는 어떤 연유로, 어떤 믿음이 있었기에 끝까지 사도 바울과 이렇게 함께할 수 있었겠습니까? 성경에 구체적으로 나타나 있는 것은 없지만, 전승에 의하면, 죄인을 로마로 호송하는 배인 바울이 탔던 배를 타려면 그 죄인의 몸종으로 자기 신분을 등록하지 않으면 죄수를 싣고 가는 배에 같이 탈 수가 없었다는 역사적 기록이 있다고 합니다. 그렇다면 누가는 사도 바울을 돕고 그와 선교를 하기 위해서 그냥 따라간 정도가 아니라 틀림없이 실제로 자기 신분을 바울의 종으로 혹은 노예로 등록하여 따라갔다는 이야기가 됩니다. 그렇게 하여 누가는 바울과 함께 로마까지 갈 수 있었고 로마에서 계속 바울을 도울 수 있었다고 기독교 전승에서 알려 주고 있습니다. 이런 설명은 당시의 역사적 배경을 볼 때 거의 확실한 내용이라고 생각됩니다.

누가는 의사였기 때문에 적당히 타협하는 마음으로 살았다면, 의사로서 대접받으면서 편하게 살 수도 있었습니다. 예수님 당시에도 환자들이 얼마나 많았습니까? 온갖 병들이 많이 있고 예수님께 고쳐 달라고 엄청나게 몰려오고 했었는데 그런 상황은 이때도 달라지지 않았을 것입니다. 그 당시에도 의사의 신분은 매우 중요시되었고 또 돈을 많이 벌 수 있는 직업이었을 것입니다. 그러므로 그가 만약 신앙은 가졌지만 자기가 가진 좋은 자격과 기술을 조금이라도 자신의 일신을 위해 쓰려고 하는 생각이 있었다면 자기 직업에서 성공하고 잘 살아보려는 현세에 대한 타협적인 마음 때문에 사도 바울을 따라가지 않았을 것입니다.

그런데 왜, 도대체 왜, 자기 신분을 종이나 노예로 바꿔 가면서까지 사도 바울의 선교를 위해서 자기의 모든 것을 바쳤겠습니까? 그것은 복음의 최고의 가치를 잘 알고 있었기 때문입니다. 그리고 바울의 부르심, 곧 이방인을 위한 사도(사도행전 9:15, 로마서 11:13, 갈라디아서 2:8-9, 디모데전서 2:7, 에베소서 3:1)로 불러 주신 것이 얼마나 가치 있는 일인지를 잘 알았기 때문에, 누가는 일신을 위한 좋은 신분도 다 포기하고 오직 선교를 위해서 헌신하여 산 것입니다. 그리고 누가는 사도 바울의 모든 삶을 통해서 듣고 보고 배운 것과 모든 일의 근원부터 개인적으로 자세히 미루어 살핀 역사적 사실들을 정리하는 시간도 가졌습니다(누가복음 1:3). 그래서 놀랍게 누가복음을 썼고, 또한 사도 바울을 따라다니면서 보고 경험한 모든 선교의 이야기를 다 낱낱이 적어서 사도행전을 기록했던 것입니다. 그것이 오늘날 우리의 믿음에 큰 도움을 주는 말씀으로 남게 되었습니다. 누가가 사도 바울을 따라다니지 않고 사도 바울과의 맨투맨 속에 머물지 않고 개인적인 영화를 누리고 살았다면 당대의 사람들 보기에는 아주 훌륭하게, 평화롭고 넉넉하게 살았겠지만, 오늘날 우리에게 미치는 영향은 아무것도 없었을 것입니다. 그런데 바울과의 맨투맨을 통하여 배운 결과로 누가복음과 사도행전의 두 놀라운 책을 남길 수 있게 되었고, 그것으로 인하여 우리 각 사람이 예수 그리스도에 대한 믿음과 또한 놀라운 영적 분별력 가운데 헌신하며 살 수 있게 되었습니다.

여기서 예수님을 찾아왔던 한 청년을 생각해 봅니다. 그는 젊은 청년임에도 부자였고 관원이었습니다(마태복음 19:16-22, 누가복음 18:18-23). 그는 당시에 갖출 것을 다 갖춘 사람이었지만 예수님을 위하여 헌신하지는 못했습니다. 자기가 가진 것 위에 예수님으로부터 무엇을 더 얻고 싶다는 생각만 있었지, 예수님 외에는 아무것도 필요 없다는 생각을 하지 못했습니다. 그래서 그때 아주 잠깐 예수님 앞에 나타났다가 영원히 사라져 버리고 말았습니다. 그를 통해서 우리가 영향받은 것이 있습니까? 그의 잘못된 결정에 대한 교훈을 우리가 간접적으로 반면교사로 배울 수 있기는 하지만, 그는 누가와 같은 영향력을 발휘하는 사람이 되지 못했습니다. 만일 그가 처음부터 예수님의 말씀에 순종하여 모든 것을 포기하고 따랐다면, 누가처럼 그 사람을 통해서도 지금 현재를 사는 우리에게 미치는 영향이 엄청났을 것입니다. 그런데 잠깐 하늘의 유성이 휙 나타났다 사라지듯이 예수님 앞에 잠깐 비치고 휙 사라져 버리고 말았습니다. 우리는 지금 어떤 삶을 살고 있습니까? 나와 맨투맨 관계 가운데 있는 사람에 대해서, 그리고 또 내가 앞으로 맨투맨을 해주는 삶에 대해서 어떤 가치로 살아야 할 것인가를 생각해 보아야 합니다.

얼마 전에 양화진 외국인 선교사 묘지를 방문했습니다. 거기에는 한국의 기독교 역사에 나오는 많은 유명한 선교사들의 묘지가 있습니다. 그중에 한 사람의 묘비에 내 눈이 멈추게 되었습니다. 「"IF I HAD A THOUSAND LIVES TO GIVE, KOREA SHOULD HAVE THEM ALL" RUBY KENDRICK」이라고 새겨져 있었습니다. 루비 켄드릭(Ruby Kendrick)은 24세 때 한국에 선교사로 온 미혼의 자매 선교사였습니다. 그가 자기를 위해서 기도해 주는 고국의 사람들에게 쓴 편지 내용 중에, "만약 내가 줄 수 있는 목숨이 천 개가 있다면 천 개 다 조선을 위해서 바치겠다"라는 내용이 있었는데, 이것이 묘비에 기록된 것이었습니다. 그는 아주 열악한 환경 속에서 선교하다가 채 1년도 되지 않은 때에 안타깝게도 과로로 죽게 되었습니다. 그런데 그의 편지를 읽은 고국의 많은 그리스도인들이 헌신을 했습니다. 그에 대한 다른 자료를 찾아보니, 이후 그가 죽게 된 소식을 듣고는 20명이 해외 선교사로 자원하였고 그중에 12명이 한국에 선교사로 오게 되었습니다. 오늘날 한국의 복음화와 기독교의 발전은 다 이런 분들의 헌신 때문에 된 것입니다.

지금 우리는 너무 안일하게 사는 것이 아닌가 굉장히 도전이 됩니다. 한 젊은 선교사 자매의 편지로 말미암아 많은 사람들의 심령이 변화되어 선교에 헌신하게 되었습니다. 그때는 비행기도 없어서 한국에 오려면 배를 타고 몇 달을 걸려 와야 했습니다. 그래서 태평양을 건너는 여행을 할 때 배에 있는 동안 겪을 가능성이 있는 제일 위험한 것 중 하나가 맹장염이어서 맹장에 아무 이상이 없는데도 여행 중에 죽을지도 모르는 위험을 방지하려고 배 타기 전에 일부러 맹장을 수술로 잘라 내는 경우도 있었다고 합니다. 그런 시대에 선교사로 오는 것은 보통 일이 아니었습니다.

우리는 다 이분들에게 빚진 사람들입니다. 뉴스를 보면 가끔 남의 돈을 빌려 빚지고는 떼어먹는 사람들 이야기가 나옵니다. 이때 우리는 그런 사람에 대해 '참 뻔뻔하구나!'라고 비난하기도 하지만, 신앙적으로 우리는 어떻습니까? 우리가 영적으로 그런 빚을 지고 있다는 것을 생각해야 합니다. 우리는 여러 영적 조상들에게 큰 빚을 지고 있습니다. 예수님께 우선 가장 큰 빚을 지고 있고, 사도 바울에게도 빚을 지고 있고, 이 누가에게도 빚을 지고 있습니다. 그래서 앞으로 남은 생애를 우리는 빚을 갚는 태도로 살아야 하겠습니다. 그렇게 살려면 정말로 맨투맨으로 다른 일꾼들을 세워 주는 일이 그 빚을 갚는 가장 확실한 방법이라고 생각합니다. 자기가 영적으로 돕는 사람을 위해서, 그가 앞으로 어떤 인물이 될 것인지를 기대하면서 열심으로 맨투맨으로 그와 거룩하고 아름다운 동행을 하는 것이 최고의 빚 갚는 비결이라고 생각합니다.

제 9 장

바울과 디모데

성경에서 거룩하고 아름다운 동행의 또 하나의 모범적인 예는 바울과 디모데의 맨투맨이라고 생각합니다. 모든 사람은 다 많은 장점도 있고 동시에 많은 약점도 있습니다. 성경에 나타나 있는 디모데의 삶을 보면 그에게도 장점과 약점이 동시에 많이 있는 것을 볼 수 있습니다. 그러한 필요들을 위해, 바울과 디모데와의 맨투맨에서는 어떻게 해결 또는 보완해 나갔는지를 묵상해 보면, 우리 개인의 필요를 채워 나가는 데에도 큰 도움이 될 것입니다. 먼저 디모데의 장점에 대해서 살펴보겠습니다.

Ⅰ. 디모데의 장점

1. 훌륭한 믿음의 가정 배경

이는 네 속에 거짓이 없는 믿음을 생각함이라. 이 믿음은 먼저 네 외조모 로이스와 네 어머니 유니게 속에 있더니 네 속에도 있는 줄을 확신하노라. (디모데후서 1:5)

위의 말씀과 같이 디모데는 어렸을 때부터 어머니 유니게와 외할머니 로이스의 좋은 신앙의 영향을 받고 자랐습니다. 또 사도행전 16:1에 보면, "바울이 더베와 루스드라에도 이르매 거기 디모데라 하는 제자가 있으니 그 모친은 믿는 유대 여자요 부친은 헬라인이라"라고 한 기록이 있습니다. 그러므로 디모데는 유대인 배경을 가진 그 어머니와 외할머니를 통해서 구약성경의 많은 내용들을 배우고, 거기에 나타난 많은 약속들을 알고 있었고, 앞으로 오실 메시야에 대한 소망을 가지고 있었던 사람이라고 생각됩니다.

또 네가 어려서부터 성경을 알았나니, 성경은 능히 너로 하여금 그리스도 예수 안에 있는 믿음으로 말미암아 구원에 이르는 지혜가 있게 하느니라. (디모데후서 3:15)

어릴 때부터 성경을 배우고 알아 갈 수 있는 가정 배경을 가진 사람은 개인 신앙에 큰 도움이 되는 것이 분명합니다. 그러므로 이와 같은 믿음의 배경을 가진 가정에서 태어난 것이 디모데에게는 큰 혜택과 장점이 되었습니다.

2. 그리스도의 제자로서 칭찬받는 수준의 삶

디모데는 루스드라와 이고니온에 있는 형제들에게 칭찬받는 자니. (사도행전 16:2)

여기서 디모데는 형제들에게 칭찬받는 자라고 하였는데, 그가 무엇 때문에 칭찬받았을까 생각해 봅니다. 그의 인물이나 인격이나 태도 등 많은 것이 있을 수 있겠지만, 특별히 1절에 "디모데라 하는 제자가 있으니"라고 기록한 것을 보면, 그는 그리스도를 배우고 따르는 헌신된 제자로서 칭찬받는 수준으로 살았을 것이라고 생각됩니다. 많은 사람들이 믿고는 있지만 제자로 헌신된 사람은 찾기가 어려운데, 이 디모데는 주님을 열심히 배우는 제자로 헌신된 삶을 살고 있었기 때문에, 그의 그리스도 중심의 제자 된 삶으로 말미암아 그에 대한 칭찬이 수변에 널리 퍼져 있었던 것을 볼 수 있습니다.

3. 단순한 마음으로 할례를 받고 순종함

바울이 그를 데리고 떠나고자 할새 그 지경에 있는 유대인을 인하여 그를 데려다가 할례를 행하니, 이는 그 사람들이 그의 부친은 헬라인인 줄 다 앎이러라. (사도행전 16:3)

디모데는 아버지가 헬라인이기 때문에 그때까지 할례를 받지 않았습니다. 한편 할례에 대해서 바울이 어떤 확신을 가지고 있었는지는 갈라디아서 5:1-6,11-12을 보면 분명하게 알 수 있습니다.

그리스도께서 우리로 자유케 하려고 자유를 주셨으니, 그러므로 굳세게 서서 다시는 종의 멍에를 메지 말라. 보라, 나 바울은 너희에게 말하노니, 너희가 만일 할례를 받으면 그리스도께서 너희에게 아무 유익이 없으리라. 내가 할례를 받는 각 사람에게 다시 증거하노니, 그는 율법 전체를 행할 의무를 가진 자라. 율법 안에서 의롭다 함을 얻으려 하는 너희는 그리스도에게서 끊어지고 은혜에서 떨어진 자로다. 우리가 성령으로 믿음을 좇아 의의 소망을 기다리노니, 그리스도 예수 안에서는 할례나 무할례가 효력이 없되 사랑으로써 역사하는 믿음뿐이니라.… 형제들아, 내가 지금까지 할례를 전하면 어찌하여 지금까지 핍박을 받으리요. 그리하였으면 십자가의 거치는 것이

그쳤으리니, 너희를 어지럽게 하는 자들이 스스로 베어 버리기를 원하노라.

그는 할례가 결단코 구원의 조건이 아니라는 것과, 그렇기 때문에 할례를 통해서 무엇을 하려고 하는 것은 잘못된 것이라는 점을 확실하게 가르쳤습니다. 그리고 그의 제자인 디도에게는 할례를 받지 않도록 하기도 했습니다(갈라디아서 2:3-4).

그런데 특이하게 바울은 사도행전 16:3에 보면, 디모데에게는 그의 아버지가 헬라인인데도 불구하고 할례를 받게 했습니다. 왜냐하면 디모데가 할례를 받지 않은 것이 그 지경에 있는 유대인들을 만날 때 약점이 되고 문제가 되어 선교에 방해가 된다고 생각했기 때문입니다. 그러므로 디모데가 선교사로서 사도 바울과 함께 선교사 팀으로 일해 나가기 위해서 그에게 할례를 받도록 요구한 것입니다(고린도전서 9:20). 그럴 때 디모데의 입장에서는 '이미 성인이 된 내가 고통스럽게 이제 와서 할례를 받는 것은 싫다. 그리고 나는 아버지가 헬라인이므로 굳이 할례를 받을 필요도 없는 것이다'라고 따지고 거부할 수도 있었습니다. '그런 게 조건이라면 나는 당신을 따라가지 않겠다'라고 할 수도 있었는데, 디모데는 복음 전파를 위해 어떤 힘든 것이라도 필요한 일이라면 하겠다는 단순한 마음으로 순종하여 할례를 받았습니다. 대개의 경우 자신에게 조금이라도 불편하거나 힘들면 고집부리고 따르길 싫어합니다. 그리고 타당하다고 생각하는 자기 이론과 자기 의견을 끝까지 내세우며 자기 편리한 입장대로 하고 싶어 합니다. 그것이 믿는 사람들에게도 늘 따라다니는 문제인 것을 우리는 잘 알고 있습니다. 그런데 디모데는 그 나이에 힘들고 귀찮게 생각되는 할례를 받으라고 할 때에 단순한 마음으로 따랐습니다. '선교를 위해서라면 내가 목숨도 바칠 수 있는데 이까짓 몸의 한 부분이야 문제가 될 것이 있겠는가?'라고 생각하며 순종하고 따랐다고 생각됩니다. 디모데의 이러한 수준 높은 순종의 태도는 그가 그리스도의 제자로서 헌신된 삶을 사는데 큰 장점인 것입니다.

4. 선교사로서의 부르심에 단순히 순종함

아들 디모데야, 내가 네게 이 경계로써 명하노니 전에 너를 지도한 예언을 따라 그것으로 선한 싸움을 싸우며. (디모데전서 1:18)

디모데는 선한 싸움을 싸우는 군사로서 따라가는 삶(디모데전서 1:18, 6:12, 디모데후서 2:3-4, 4:7) 즉 선교사로 부르심을 받았을 때 이에 단순한 마음으로 헌신했습니다. 대개 사람들은 예수님을 믿고 복을 누리며, 지금 하고 있는 것에 만족하고, 어떤 변화보다 현재 있는 곳에 안주하고 있기를 원합니다. 그런 사람들은 지금까지 가보지도 않았고 만나 보지도 않았던 여러 언어, 여러 종족들의 사람들을 대상으로 하는 선교사로 가라는 부르심에 순종하기가 쉽지 않은 것입니다. 더욱이 디모데는 디모데전서 1:3-7 및 4:1-11 등에서와 같이 선교사로서의 선한 싸움 중에 거짓 선생들의 잘못된 가르침을 바로잡는 사명의 책임도 맡았기 때문에 더욱 힘들었을 것입니다. 그런데 디모데는 이 모든 일에 하나님의 말씀을 따라서 단순히 순종했습니다.

디모데전서 4:14에 '장로의 회에서 안수받은 것'에 대해 언급한 것이 있는데, 그것은 하나님의 일꾼 곧 선교사로서의 공적인 임명을 뜻하는 것입니다.

> **네 속에 있는 은사 곧 장로의 회에서 안수받을 때에 예언으로 말미암아 받은 것을 조심 없이 말며.**

이때 디모데는 복잡한 사시의 문제로 머뭇거리거나 기부하거나 혹은 좀 더 오래 생각할 시간을 달라거나 하지 아니하고, 선교를 위해서 공적인 임명을 받고 선교사의 길을 떠나는데 즉시 순종하는 단순한 신앙이 있는 사람이었습니다. 사도 바울은 그 과정에서 이런 디모데를 만난 것을 참으로 감사하였을 것입니다. 이런 사람을 만나기가 쉽지 않기 때문입니다.

5. 영적 세대를 이어 갈 신실한 아들로 인정받음

> **믿음 안에서 참아들 된 디모데에게 편지하노니, 하나님 아버지와 그리스도 예수 우리 주께로부터 은혜와 긍휼과 평강이 네게 있을지어다.** (디모데전서 1:2)

바울은 디모데를 '참아들'이라고 했습니다. 그냥 아들도 아니고 참아들이라고 강조한 것을 보면 그와의 관계가 얼마나 친밀하였는지를 알 수 있습니다. 디모데가 영적으로 사도 바울의 주된 영향을 받으며 그의 가르침을 배우고 따르고 순종하여 영적인 세대를 이어 가는 사람이 되기 때문인 것과 또한 믿고 신뢰하는 면에서 아들과 같은 태도를 보였기 때문에, 그에 대하여 이렇게 '믿음 안에서 참아들'이라고 표현한 것이라고 생각됩니다.

고린도전서 4:17에 보면, "이를 인하여 내가 주 안에서 내 사랑하고 신실한 아들 디모데를 너희에게 보내었노니, 저가 너희로 하여금 그리스도 예수 안에서 나의 행사 곧 내가 각처 각 교회에서 가르치는 것을 생각나게 하리라"라고 하였습니다. 앞에 디모데전서 1:2에서는 '참아들'이라고 했는데, 여기에서는 '내 사랑하고 신실한 아들 디모데'라고 하였습니다. 이처럼 디모데는 그의 리더인 바울에게 사랑받고 바울의 사명과 비전을 이어 갈 수 있는 신실한 사람으로 인정을 받는 장점이 있었습니다. 바울이 그를 아들이라고 부를 만큼 사도 바울과 그의 관계는 아주 친밀한 관계였습니다.

디모데후서 2:2에서는, "또 네가 많은 증인 앞에서 내게 들은 바를 충성된 사람들에게 부탁하라. 저희가 또 다른 사람들을 가르칠 수 있으리라"라고 했는데, 이 말씀에서 바울이 그를 아들이라고 특별히 부른 매우 중요한 이유는, 마치 육신의 세대가 아들을 통해 그 후손이 이어지고 계속 퍼져 나가듯이, 충성된 믿음의 아들인 그를 통해 이처럼 영적 세대를 이루고 영적 후손들이 배가되어 나갈 것에 대한 확신과 비전이 있었기 때문인 것입니다.

6. 복음을 위한 뛰어난 헌신

저희가 다 자기 일을 구하고 그리스도 예수의 일을 구하지 아니하되, 디모데의 연단을 너희가 아나니 자식이 아비에게 함같이 나와 함께 복음을 위하여 수고하였느니라. (빌립보서 2:21 22)

이 말씀에서도 디모데의 장점을 찾아볼 수가 있는데, 그것은 복음을 위한 그의 헌신이 뛰어나게 순수하였다는 것입니다. 당시 사도 바울이 만났던 수많은 그리스도인들이 있었는데, 그들 대부분은 자기 일을 구하고 그리스도의 일은 구하지 않는 사람들이었습니다. 자기 일을 구한다는 것은 믿음이 없는 것은 아닙니다. 믿기는 해도 그리스도께 헌신하지는 않고 다 자기를 위해서만 믿는 것입니다. 그런 사람의 기도 노트에는 거의 전부 자기에게 무엇을 더 주시기 원하는 기도만 있습니다. 그들은 '얼마나 더 많은 축복들을 하나님께로부터 얻을까?'에만 관심이 있는데, 그것은 그때나 지금이나 다르지 않은 것 같습니다.

그런데 22절에 보면, 디모데는 다른 대부분의 사람들과 달랐습니다. 그는 바울과 함께 자식이 아비에게 함같이 복음을 위하여 바울의 영적인 대를 이어 수고하였다고 했습니다. 디모데는 오직 복음을 위해서 헌신하였습니다. 그는 복음을 위하여 헌신하되 독립적으로 자기의 이름을 드러내기 위해서 즉 자기가 유명해지고 자기를 나타내기 위해 선교에 헌신한 것이 아니라, 바울과 함께하며 그와 같은 확신과 같은 영적 개념을 가지고 그의 친아들처럼 친밀함과 충성된 태도로 바울을 따르고 섬기며, 하나님께서 맡겨 주신 복음을 위한 영적 세대를 이루는 사명을 위해 수고를 아끼지 않은 사람이었습니다. 복음을 위한 이러한 헌신적인 삶이 디모데에게 있는 중요한 장점 중 하나였습니다.

7. 사도 바울의 최후의 서신을 받을 수 있는 사람

디모데후서는 사도 바울의 마지막 편지였습니다. 사람들은 자기의 최후의 서신을 아무에게나 보내지 않을 것입니다. 매우 중요한 사람에게 보내는 것입니다. 그런데 바로 바울이 자신의 생애가 곧 끝날 것을 잘 알고 있었던 때 이 디모데후서를 기록하여 디모데에게 보냈습니다. 디모데는 바울의 최후의 서신을 받을 수 있는 신뢰와 자질을 갖춘 사람이었습니다. 가장 신실하고 가장 믿을 수 있고 그 말씀대로 가장 잘 순종하여 행할 사람이라는 것을 잘 알기 때문에 그에게 보낸 것입니다. 그리고 바울은 디모데에게 이 최후의 서신을 보냈을 뿐만 아니라, 또한 죽기 전에 정말로 한 번 더 그를 만나고 싶어 하였습니다. 디모데는 이처럼 바울과 각별한 관계였습니다.

너는 어서 속히 내게로 오라. (디모데후서 4:9)

당시에 어서 속히 오라는 요청을 받고 그렇게 가려면 굉장히 힘들었을 것입니다. 요즘처럼 비행기나 자동차가 있는 것도 아니고 대부분 도보 아니면 말, 또는 속도가 느린 배를 타는 정도의 교통수단으로 갈 텐데, 그런데도 그에게 어서 속히 오라고 한 것에서 우리는, 그만큼 간절히 디모데를 보기 원한 사도 바울의 마음을 알 수가 있습니다(디모데후서 1:3 "너를 생각하여", 디모데후서 1:4 "너 보기를 원함은"). 뒤에 디모데후서 4:21에도 "겨울 전에 너는 어서 오라"라고 하였습니다. 겨울이 되기 전에 빨리 오라고 한 것에 대해, 겨울이 여행에 방해가 될 수 있기 때문에 그렇게 말했을 것이라고 생각할 수도 있으나, 그것이 주된 이유라면 겨울이 아닌 적당하고 편리한 때를 정해서 오라고 했을 텐데, 그렇게 말하지 않은 것을 보면, 이는 디모데를 너무나 보고 싶은 마음이 우선적 이유였으리라 생각됩니다. 정한 시간에만 만나고 할 일이 끝나면 빨리 헤어지는 그런 리더와 팔로워의 관계가 아니고, 서로 간절히 그리워하고 만나 보고 싶어 하는 관계였습니다. 디모데는 사도 바울이 복음의 확장을 위해서뿐만 아니라 감정적으로도 가장 필요했던 사람이었던 것을 이런 말씀을 통해서 알 수 있습니다.

또 바울은 자기가 죽음이 임박한 것을 생각하며, 그를 속히 한 번 더 보고 싶은 마음뿐만 아니라, 최후의 편지로도 다 표현할 수 없는, 가슴속에 아직도 남아 있는 수많은 부탁과 사명을 좀 더 자세히, 가장 사랑하고 신뢰하는 디모데에게 얼굴과 얼굴을 맞대고 그의 손을 붙들고 전달하고 싶은 불타는 마음이 있었을 것입니다.

사도 바울은 사도행전 16장에서 이 디모데를 만났을 때에 천군만마를 얻은 것 같은 그런 기분을 가지고 있었을 것입니다. 우리도 이런 디모데를 달라고 기도해야 합니다. 이런 디모데를 보내 주시고 그를 통해서 영적 배가가 일어날 수 있도록 도와주시도록 간절히 기도해야 합니다. 또한 그러기 위해서는 내가 먼저 그러한 디모데가 되어야 함을 명심하고 실천해야 합니다.

Ⅱ. 디모데의 약점

디모데는 많은 놀라운 장점들을 가지고 있었지만 또한 약점들도 있었습니다.

1. 다문화 가정 배경

바울이 더베와 루스드라에도 이르매 거기 디모데라 하는 제자가 있으니 그 모친은 믿는 유대 여자요 부친은 헬라인이라. (사도행전 16:1)

그는 헬라인과 유대인 사이의 다문화 가정에서 태어나고 자란 사람이었습니다. 그래서 이런 환경에서 태어나고 자라나는 과정에서 관습과 문화, 종교 등의 사회적 문제와 기타 여러 갈등과 어려움을 경험했을 것이라고 짐작됩니다. 그래서 사도 바울이 그를 선택했을 때 혹시 데리고 다니면서 이러한 문화 충격의 경험이나 또는 부모의 혈통이 다른 그의 배경이 선교사로서 사는 데 어려움이 되지 않을까 하는 염려가 생길 수 있습니다. 그래서 그가 비록 널리 칭찬받고 여러 가지 장점들이 있는 사람이지만 좀 더 신중히 고려해 보아야겠다고 하며 망설이기가 쉬울 것입니다. 그러나 디모데의 그런 약점에도 불구하고 사도 바울은 그를 선택했습니다.

2. 무할례자였음

사도행전 11:2-3에 "베드로가 예루살렘에 올라갔을 때에 할례자들이 힐난하여 가로되, '네가 무할례자의 집에 들어가 함께 먹었다' 하니"라고 한 내용처럼, 유대인들 가운데서는 무할례자와 어떤 관계를 갖는 것은 큰 갈등의 소지가 되는 것이었습니다.

앞에서 이미 언급한 내용이긴 하지만 디모데의 경우 원래 할례를 받지 않은 사람이었는데, 그것 자체가 주변의 사방으로 흩어져 살고 있는, 어디에서나 만날 수 있는 유대인을 대상으로 선교를 할 때 문제가 될 수 있었습니다. 사도 바울은 어디를 가든지 먼저 유대인의 회당에 들어가곤 했습니다. 그럴 때 아버지가 헬라인이기 때문에 지금까지 할례를 받지 않은 디모데로 인하여 문제가 될 것이 예상되었을 것입니다. 그런데 '디모데에게 그 나이에 할례를 받으라고 하면 과연 따를까? 순종할까?' 이러한 염려가 바울에게 생길 수 있습니다. 또 디모데 자신이 그렇지 않아도 반만 유대인이라는 것 때문에 늘 감정적 어려움을 가지고 살았을 가능성을 생각해 보면, '그에게 이런 예민한 것을 요청했다가 오히려 긁어 부스럼이 되어 혹시 지금까지 가졌던 관계마저 끊어지면 어떻게 할까?' 하는 고민이 바울에게 생길 수도 있는 것입니다. 그런데 바울은 복음을 위하여 해야 할 것에 대해서는 조금도 거리낌 없이 사실대로 그에게 이야기하고 또 필요를 요구했습니다.

그랬을 때 디모데는 자기 편의 위주의 주장이나 고집을 부리지 않고 놀랍게 순종하여 할례를 받았습니다(사도행전 16:3). 그리하여 그의 이런 약점은 오히려 축복의 기회가 되었습니다. 바울과 디모데 사이의 서로에 대한 그런 신뢰로 인하여, 또 복음을 위해서라면 어떤 귀찮고 힘든 일이라도 거침없이 헌신하려는 디모데의 믿음으로 말미암아, 그런 결과가 되었다고 볼 수 있습니다. 바울이 디모데에게 할례를 받게 한 이후에 그를 데리고 여러 성을 다니며 선교를 할 때, 여러 교회들이 믿음이 더 견고해지고 수가 날마다 더하게 되는 결과를 얻게 되었습니다(사도행전 16:4-5).

3. 나이가 연소함

누구든지 네 연소함을 업신여기지 못하게 하고, 오직 말과 행실과 사랑과 믿음과 정절에 대하여 믿는 자에게 본이 되어. (디모데전서 4:12)

여기 또 하나의 디모데의 약점은 나이가 연소한 것이었습니다. 나이가 젊다는 것은 그때나 지금이나 영적 리더십이 되어 다른 사람을 지도하고 이끌어 가는 데는 약점이 될 수가 있습니다. 그런 디모데에게 사도 바울이 그런 문제를 해결하는 좋은 방법으로 가르친 것은, 사람들에게 "나를 어리다고 업신여기지 마시오. 나는 장로들에게 공적으로 임명을 받은 하나님의 일꾼이오!"라고 하며 자기 권위를 강하게 주장하는 것이 아니었습니다. 12절 후반부에서, 업신여기지 못하게 하는 그 해결책은, 오직 말과 행실과 사랑과 믿음과 정절에 대하여 믿는 자에게 본이 되라는 것이었습니다. 이런 모든 것에서 본이 되면 그의 연소함의 약점을 극복할 수 있다는 것입니다.

나이 어린 약점을 극복하는 것이 물론 쉽지 않습니다. 캠퍼스에서 나이는 같은데도 겨우 1년의 학번 차이로 서로 차별 있게 부르고 대하는 것을 보면 웃음이 나기도 합니다. 그럼에도 바울은 디모데에게 나이 어린 것을 극복하고 남을 이끌 수 있는 사람이 되도록 하기 위해서는 말과 행실과 사랑과 믿음과 정절, 이런 모든 면에서 믿는 자들에게 본이 되라고 가르쳤습니다. 디모데의 나이 어린 약점이 있는 것을 보고 사도 바울이 포기할 수도 있고, 디모데 자신도 그런 높은 수준의 본을 보이는 삶을 살아야 하는 것에 대해 '나는 아직 자신이 없다'라고 포기할 수도 있었을 것입니다. 우리에게도 그런 마음이 있습니다. '아직 나는 어립니다!' 하는 마음 때문에 하나님의 일꾼으로 나서는 데에 미적거리기가 쉽습니다. 그러나 사도 바울은 담대하게 디모데에게 이런 면에서 본이 되라고 가르쳤고, 디모데는 그것을 받아들였습니다. 그것이 해결책인 것을 디모데는 믿었기 때문입니다. '아! 내가 아직 어리지만 이런 여러 삶에서 본이 되면 되는구나!'라고 믿고 순종했기 때문에, 디모데는 사도 바울을 그렇게 따를 수가 있었던 것입니다.

또 젊은 것은 나이 많은 사람들에게 나이가 어리다고 무시당할 수 있는 점에서 약점이기도 하지만, 다른 측면에서도 약점이 될 수 있습니다.

또한 네가 청년의 정욕을 피하고 주를 깨끗한 마음으로 부르는 자들과 함께 의와 믿음과 사랑과 화평을 좇으라. (디모데후서 2:22)

나이가 젊은 청년은 특히 정욕을 조심해야 합니다. 청년기에는 특히 정욕의 약점이 있습니다. 그래서 사도 바울은 디모데에게 청년의 정욕을 피하라고 하였습니다.

사도 바울은 디모데에게 그의 또 한 가지 약점을 찔러주었습니다.

신화와 끝없는 족보에 착념치 말게 하려 함이라. 이런 것은 믿음 안에 있는 하나님의 경륜을 이룸보다 도리어 변론을 내는 것이라. (디모데전서 1:4)

저는 교만하여 아무것도 알지 못하고 변론과 언쟁을 좋아하는 자니 이로써 투기와 분쟁과 훼방과 악한 생각이 나며,… 디모데야, 네게 부탁한 것을 지키고, 거짓되이 일컫는 지식의 망령되고 허한 말과 변론을 피하라. (디모데전서 6:4,20)

너는 저희로 이 일을 기억하게 하여 말다툼을 하지 말라고 하나님 앞에서 엄히 명하라. 이는 유익이 하나도 없고 도리어

듣는 자들을 망하게 함이니라.... 어리석고 무식한 변론을 버리라. 이에서 다툼이 나는 줄 앎이라. (디모데후서 2:14,23)

이 여러 말씀을 통해서 디모데에게 경계하도록 가르쳐 준 내용이 무엇입니까? 변론을 피하라는 것이었습니다. 젊은 사람들의 약점 중 하나는 말싸움을 잘하는 것입니다. 자기하고 의견이 다르면 끝까지 이기려고 변론을 하는 것입니다. 전도를 할 때도 순수하게 복음을 전하고 그 다음에 안 들으면 주님께 맡겨야 하는데, 전도 대상자와 말싸움에서 어떻게든 이기려고 하는 사람이 있습니다. 상대방이 어떤 철학적인 문제를 가지고 공격적으로 반응하면 자기도 철학적인 지식으로 맞서 그와 싸워서 이기려고 합니다. 그래서 물론 이길 수도 있습니다. 그러나 그와 말싸움에서 이긴다고 그의 마음을 이기지는 못합니다. 그의 마음을 얻어야 진정으로 이기는 것입니다. 그러므로 이런 말싸움이 무익하다는 것을 사도 바울은 잘 알기 때문에 젊은 디모데에게 변론을 피하라고 하였습니다. 여러 구절에서 이렇게 강조한 것은 그것이 바로 젊은 사람들이 가질 수 있는 큰 약점 중 하나이기 때문이었습니다.

아무에게나 경솔히 안수하지 말고. (디모데전서 5:22상)

젊기 때문에 생기는 또 하나의 약점은 경솔한 것입니다.

경솔하게 아무에게나 안수를 하지 말라고 경고하고 있습니다. 여기서 안수하는 것은 곧 어떤 사람을 공적 책임을 지는 자리에 임명하는 것을 말합니다. 아직 준비가 덜된 사람을 빨리 경솔하게 안수하여 책임을 맡기는 것을 삼가라는 권면입니다. 사람에게 어떤 책임을 맡기고 세우기는 쉽지만, 그가 잘못한다고 해서 그를 그 자리에서 내려오게 하기는 매우 어려운 것입니다. 그래서 이런 실수를 젊은 사람들이 자주 할 수 있기 때문에, 디모데에게도 그 면에서 조심하라고 하며 그런 약점에 대해 경고하고 있는 것입니다.

다른 사람의 죄에 간섭지 말고 네 자신을 지켜 정결케 하라. (디모데전서 5:22하)

젊은 사람의 경우 종종 어떤 의협심 같은 것이 있어서, 배교자나 불신자 중에서도 마음이 완악하여 기독교를 비난하고 해코지를 하는 사람을 만날 때, 화가 치밀어 참지 못하고 혈기로 남의 문제에 쓸데없이 과도하게 간섭을 해서 문제를 확대시키는 이런 약점이 있습니다. 어떤 경우는 다른 사람이 죄 문제에 빠져 있는 것을 보면 모든 죄의 문제는 자기가 해결해 주어야 되는 것처럼 지나치게 관여하기도 합니다. 또는 믿음과 경건의 삶과 지도력이 충분히 입증되지 않은 어떤 사람을 성급하게 세웠다가 그가 죄에 빠질 때 그를 잘못 임명한 사람도 그 죄의 책임을 면치 못하는 문제에 빠지게 되는 경우도 일어납니다. 이런 모든 경우들도 젊어서 생기는 문제라고 하는 것을 사도 바울이 알기 때문에, 지금 그의 연소함과 연관해서 경계하고 상세하게 가르치고 있는 것을 보게 됩니다.

젊은이는 이와 같은 여러 약점이 있을 수 있지만, 지금 사도 바울이 디모데에게 상기시켜 준 그러한 교훈들을 주의하여 실천해 나가면 오히려 그 약점이 장점이 된다는 사실을 믿고, 비록 나이가 아직 연소해도 확신과 헌신에 자신감을 가질 수 있기를 바랍니다.

4. 비위가 약함

이제부터는 물만 마시지 말고 네 비위와 자주 나는 병을 인하여 포도주를 조금씩 쓰라. (디모데전서 5:23)

디모데는 비위가 약했습니다. 소화기 계통에 문제가 있었습니다. 선교사는 특별히 비위가 강해야 합니다. 생전 먹어 보지 못한 음식도 먹을 줄 알아야 되고 맡아 보지 못한 냄새도 맡게 될 수 있는데, 조금만 음식이 이상하면 울렁거리고 소화가 안 되고 토하고 한다면 다양한 사람들을 대상으로 사역을 해나갈 수 있겠습니까? 그런데 바로 디모데가 그런 것과 관련된 문제가 있었습니다. 그래서 그에게 소화 기능 향상을 위해, 예를 들면 포도주를 조금씩 써보라는 제안을 하였습니다. 술을 마시라고 권한 것이 아니라 치료약으로서 추천한 것이었습니다. 요즘 같으면 어떤 액체 소화제를 마시라고 한다든지 어떤 좋은 위장병 치료제를 권했을 것입니다. 그 당시에는 그런 약이 없으니까 이런 처방을 권해 준 것입니다. 여기서 우리는, 사도 바울이 선교사는 비위가 약하면 안 되는데 하고 디모데를 포기한 것이 아니라 그에게 해결책을 제시하면서 그에 대한 확신을 여전히 가지고 있는 바울의 훌륭한 리더십을 배우게 됩니다.

5. 마음이 여림

네 눈물을 생각하여 너 보기를 원함은 내 기쁨이 가득하게 하려 함이니. (디모데후서 1:4)

디모데는 눈물이 많은 사람이었습니다. 그는 어릴 때 영적 영향을 주로 여자들로부터 받았습니다. 외할머니와 어머니를 통해서 신앙적 양육을 받았기 때문에(디모데후서 1:5), 어쩌면 감성적인 것은 풍성했지만 그로 인해 마음이 연약하고(디모데후서 1:7) 잘 우는 사람이 되었을 수도 있습니다(디모데후서 1:4). 주님의 일꾼이 되려면 좀 대범한 면이 있어야 되는데, 누가 어떤 말을 할 때 쉽게 눈물을 흘리면 다른 사람을 당황하게 할 수도 있고 본인에게도 어려움이 될 수가 있습니다. 이렇게 생각하면 그것도 약점이었습니다.

> **하나님이 우리에게 주신 것은 두려워하는 마음이 아니요 오직 능력과 사랑과 근신하는 마음이니. (디모데후서 1:7)**

디모데는 또 두려워하는 마음이 있었습니다. 바울이 그에게 "하나님이 우리에게 주신 것은 두려워하는 마음이 아니요"라고 격려해 주는 내용을 볼 때, 디모데는 두려움을 자주 느끼는 사람이었던 것을 짐작할 수 있습니다.

> **그러므로 네가 우리 주의 증거와 또는 주를 위하여 갇힌 자 된 나를 부끄러워 말고 오직 하나님의 능력을 좇아 복음과 함께 고난을 받으라. (디모데후서 1:8)**

또 디모데는 사도 바울이 감옥에 갇힌 것에 대해서 부끄러워할 수 있는 성격의 사람으로 바울은 알고 있었던 것 같습니다. 그래서 그에게 부끄러워하지 말고 복음과 함께 고난을 받으라고 권면하고 있습니다. 이와 같이 눈물 잘 흘리고 두려움도 있고 부끄러움도 많은 디모데의 이런 약한 면들을 생각해 볼 때, 그는 주님의 일꾼으로서는 부적격자가 아닌가 생각할 수도 있는데, 사도 바울은 그런 디모데를 포기하지 않았습니다. 이런 모든 약점에도 불구하고 디모데가 바울에게 인정받을 수 있었던 것은 그가 충성되고(Faithful), 가용(可用)하며(Available *), 잘 배우는(Teachable) 세 가지 특징적 장점이 있었기 때문입니다. **

디모데의 여러 약점들을 생각해 볼 때 바로 우리 자신도 그런 약점이 있지 않은가 생각하게 됩니다. 그러나 우리가 인간으로서의 어떤 연약한 부분이 있다고 할지라도 디모데처럼 FAT(Faithful, Available, Teachable) man이 되면 주님의 제자로서 쓰임받을 수 있다는 확신을 가질 수 있습니다. 우리가 가지고 있는 약점이 무엇이든지 그 모든 것을 다 덮어

---

* Available: '언제나 즉시 사용될 수 있도록 준비되어 있는'이라는 의미. 시간이나 계획에 있어서, 또는 태도나 감정적인 면에서, 모든 인간관계 및 기타 사회적으로 이행해야 할 의무 등에서, 매이지 않고 자유로운 상태에 있음을 의미함.

** 디모데의 삶에 관하여 다음의 구절들을 찾아 묵상해 보면 디모데가 어떻게 FAT man인가를 이해하는 데 도움이 될 것입니다.

- Faithful – 사도행전 16:2, 고린도전서 4:17, 빌립보서 2:19–22, 디모데전서 1:2
- Available – 사도행전 16:3, 17:14–15, 18:5, 20:4, 디모데전서 1:3, 디모데후서 2:4, 3:15, 4:9,21, 히브리서 13:23, 데살로니가전서 3:2,6
- Teachable – 사도행전 16:3, 디모데전서 1:18–19, 4:12–16, 6:11–14, 디모데후서 2:2–3, 4:1–2,5

줄 수 있는 비결은 바로 이 FAT man이 되는 것입니다. 그러면 하나님께서 우리를 사용하시는 것입니다. 이러한 장점과 단점을 가진 디모데에게 사도 바울은 개인적인 확신을 가지고 그를 훈련시켜 나갔습니다. 그래서 디모데가 받은 훈련이 무엇인가에 대해서 좀 더 생각해 보고자 합니다.

Ⅲ. 디모데가 받은 훈련

1. 은혜 속에서 강한 사람이 되는 훈련

내 아들아, 그러므로 네가 그리스도 예수 안에 있는 은혜 속에서 강하고. (디모데후서 2:1)

그가 받은 훈련 중의 하나는 은혜 속에서 강한 사람이 되는 것이었습니다. 우리는 믿음을 가진 사람으로서 강해져야 됩니다. 그러나 그 강한 것이 기질적으로나 성격적으로, 또는 육신적인 혈기로 강한 것이 아니라, 그리스도 예수 안에 있는 은혜 때문에 강해야 됩니다. 은혜는 우리를 부드럽게 하고 유순하게도 하지만, 은혜는 또한 우리를 강하게 합니다. 이 강함은 오히려 부러지지 않는 강함입니다. 많은 강한 것들은 부러지기 쉽고 깨어지기 쉽지만, 은혜 속에서 강한 것은 부러지지도 않고 깨어지지도 않는 것입니다. 그러므로 디모데는 주님의 은혜에 젖어 있는 삶의 훈련을 받았습니다. 은혜 속에 젖어 있는 삶의 훈련은 구체적으로 어떻게 하는 것이겠습니까?

첫째, 죄를 자백할 줄 아는 것입니다(시편 32:3-4, 시편 51:1-2,9-10, 잠언 28:13). 자신의 죄와 잘못에 대하여 겸손한 마음으로 인정하기보다 끝까지 다른 누군가의 잘못 때문에 혹은 상황이 어떠해서 그럴 수밖에 없었다고 핑계를 대고 잘못을 합리화하려는 것이 아니라, 오히려 자신의 작은 잘못에 대해서까지도 하나님께 나아가 자백하는, 그런 겸손하고 단순한 마음이 있어야 은혜 속에 강할 수 있습니다. 하나님의 높으신 거룩하심을 생각하면 자신의 죄를 숨기거나 변명할 수가 없는 것입니다.

둘째, 죄를 자백하는 진지함뿐만 아니라, 용서의 확신도 있어야 합니다(요한일서 1:9, 시편 32:5). 죄의 자백을 통해, 하나님께서 그리스도의 십자가를 통하여 자신의 모든 죄를 씻어 주셨고 용서해 주신 것을 확신하고 하나님의 용서를 누릴 수 있어야 은혜 속에서 강한 사람이 될 수 있습니다.

셋째, 감사와 찬양이 넘치는 삶을 살 때(골로새서 3:16, 에베소서 5:19-20, 히브리서 13:15, 시편 50:14, 느헤미야 8:10하), 은혜 속에서 강한 사람이 될 수 있습니다.

넷째, 하나님의 약속을 믿고 주장할 때 더욱 은혜 속에서 강할 수 있습니다. '하나님께서 그렇게 약속하셨기 때문에 반드시 이루어질 것이다'라는 확신을 가지고 사는 믿음이 있어야 합니다(여호수아 21:45, 23:14, 로마서 4:20-21, 고린도후서 1:20).

다섯째, 우리가 매일 갖는 Quiet Time이나 종종 갖는 'A Day in Prayer' 등을 통해 주님과의 관계가 더욱 친밀해지며 주님과 동행하는 삶을 즐기며 살 때(시편 25:14, 시편 138:3, 시편 73:28, 야고보서 4:8), 은혜 속에서 강한 삶을 체험할 수가 있게 됩니다. 디모데는 이런 면에서 사도 바울에게 높은 수준의 훈련을 잘 받았습니다.

2. 비전에 대한 확신

또 네가 많은 증인 앞에서 내게 들은 바를 충성된 사람들에게 부탁하라. 저희가 또 다른 사람들을 가르칠 수 있으리라. (디모데후서 2:2)

우리는 이 한 구절의 말씀에서 영적 4세대를 발견할 수 있습니다. '내게 들은 바'의 '나'는 사도 바울입니다. 그리고 '네가'의 '너'는 디모데입니다. 다음에 세 번째 세대는 '충성된 사람들'이며, 그 다음 네 번째 세대는 '또 다른 사람들'입니다. 사도 바울은 디모데가 장점만 아니라 여러 가지 약점들이 있음에도 불구하고 그의 'Faithful, Available, Teachable'한 자질 때문에 그를 포기하지 않고 잘 도와주었습니다. 그리고 바울에게 훈련받은 디모데는 다른 충성된 사람들을 가르치고 훈련하였으며, 그 충성된 사람들은 또 다른 사람들을 그렇게 훈련하고 도와주었습니다. 바로 이렇게 이어지는 영적 세대(spiritual generation)의 배가를 통해서 세계 비전(World Vision)이 성취될 수 있다는 사실을 이론적으로만 가르친 것이 아니라, 실제로 그것을 사역 속에서 실천하여 영적 세대들을 통해 훈련시켜 주는 사역을 계속해 나갔던 것입니다. 이러한 진행 과정에서 바울은 제2의 디모데를 또 훈련시켜 나갔습니다. 이러한 모든 일은 질적인 맨투맨 교제와 훈련 없이는 이루어질 수가 없습니다. 이것이 바로 하나님 앞에서 우리가 실천해 가야 할 거룩하고 아름다운 동행인 것입니다.

바울이 디모데를 도운 것과 똑같이 디모데도 다른 사람을 그렇게 도왔습니다. 이와 같이 우리 각 사람도 수백 명, 수천 명을 모아 놓고 설교하는 사람이 되려고만 애쓰고 진력하지 말고, 한 사람 FAT man인 '디모데'를 키워서 그가 다른 충성된 사람을 도와줄 수 있도록 하는 삶을 일평생 산다면, 그 사람의 일생은 하나님 앞에서 성공한 삶이며, 그것이 바로 하나님께서 우리에게 주신 비전입니다.

3. 일꾼의 자질을 갖추는 훈련

일꾼의 자질을 갖추는 훈련에는 크게 세 가지를 생각해 볼 수 있습니다.

1) 말씀의 사람이 됨

네가 진리의 말씀을 옳게 분변하며 부끄러울 것이 없는 일꾼으로 인정된 자로 자신을 하나님 앞에 드리기를 힘쓰라. (디모데후서 2:15)

이 말씀에서 '진리의 말씀을 옳게 분변한다'라는 것은 성경 말씀을 잘 알고, 그것을 왜곡됨 없이 잘 다루고 잘 분석하여 이해하고, 삶과 사역에서 올바르게 적용하도록 가르칠 줄 아는 것입니다. 말씀의 사람이란 성경 말씀을 성령의 도우심으로 잘 깨닫고 삶과 사역에 적용하여 순종하며, 다른 사람도 그렇게 할 수 있도록 말씀 중심으로 가르치고 훈련할 줄 아는 사람입니다.

그러기 위해서는 디모데후서 3:14에서 "배우고 확신한 일에 거하라"라고 한 말씀처럼, 먼저 열심히 배워야 하며 또 그 배운 것을 개인의 확신으로 가지고 있어야 합니다. 또한 확신할 뿐만 아니라 그 말씀에 거해야 됩니다. 말씀에 거하는 것은 말씀에 붙잡혀 지속적으로 지키고 행하는 것입니다. 지식적으로 이해하고 동의하는 정도를 확신으로 생각하고 그 수준에서 끝나면 소용이 없습니다. 그 확신한 일에 헌신이 뒤따라야 합니다. 진정한 확신은 당연히 헌신으로 이어집니다. 이 헌신의 삶이 바로 거하는 삶입니다. 헌신이란 마치 펌프 물을 뿜어 올리기 위해서 처음 부어 넣는 마중물과 같은 것이라 생각할 수 있습니다. 한 바가지의 적은 마중물로 인해 무진장의 물을 계속 뿜어 올릴 수 있는 것입니다. 이와 같이 우리의 헌신이 비록 보잘것없는 작은 것이지만 하나님께서는 우리의 헌신을 통해서 말씀 속에 담겨 있는 무궁한 하나님의 자원을 길어 낼 수 있게 하여 우리의 모든 필요를 채움받게 해주시는 것입니다.

디모데는 어렸을 때부터 외할머니 로이스와 어머니 유니게를 통해서 성경 말씀을 배움으로 믿음의 삶을 살게 되었습니다(디모데후서 1:5). 이런 배경에 대하여 디모데후서 3:15-16에서도 언급하고 있습니다.

또 네가 어려서부터 성경을 알았나니 성경은 능히 너로 하여

금 그리스도 예수 안에 있는 믿음으로 말미암아 구원에 이르는 지혜가 있게 하느니라. 모든 성경은 하나님의 감동으로 된 것으로 교훈과 책망과 바르게 함과 의로 교육하기에 유익하니.

이렇게 배운 성경 말씀을 통해 디모데는 구원의 확신도 갖고 영적 성장에 필수적인 것들을 잘 배우게 되었습니다. 그리고 이제는 사도 바울을 통해 더 깊이 있고 수준 높은 진리의 말씀을 배우게 되었습니다. 사도 바울은 디모데에게 큰 모임에서 사회하는 방법을 가르치거나 찬송을 잘 인도하는 방법, 또는 대중 앞에서 능변과 달변으로 설교하는 방법 등 여러 가지 활동에 필요한 것을 훈련시킨 것이 아니라, 바로 성경 말씀 중심의 훈련을 했습니다. 즉 디모데로 하여금 말씀 속에서 성장하도록 하여 말씀의 사람이 되도록 도와준 것입니다.

이는 하나님의 사람으로 온전케 하며 모든 선한 일을 행하기에 온전케 하려 함이니라. (디모데후서 3:17)

이 말씀과 같이 바울은 디모데로 하여금 영적으로 어린아이에 머물러 있지 말고 하나님의 사람으로 구비되고 온전케 되어 하나님께서 쓰실 수 있는 성장한 그리스도인이 되도록 가르치고 훈련하였습니다. 그러므로 하나님께서 쓰실 수 있도록 자기를 준비시키는 비결은 곧 성경 말씀을 배우고 그 말씀의 교훈과 책망과 바르게 함과 의로 교육하신 내용대로 확신하고 순종하며 머물러 거하는 것입니다. 이처럼 우리 모두가 하나님의 말씀의 사람으로 헌신되어야 하나님께서 쓰시는 장성한 일꾼이 될 수 있는 것입니다.

2) 깨끗한 그릇이 됨

그러므로 누구든지 이런 것에서 자기를 깨끗하게 하면 귀히 쓰는 그릇이 되어 거룩하고 주인의 쓰심에 합당하며 모든 선한 일에 예비함이 되리라. (디모데후서 2:21)

기독교 안에는 여러 종류의 그릇이 있습니다. 여러 가지 섬기는 직책들이 있습니다. 여러 체계와 조직이 있고 거기에 따라 여러 가지 직책들이 있는데, 그런 직책이 반드시 그리스도인으로서의 성장하고 성숙한 것을 나타내는 것은 아닙니다. 하나님께서 사람을 쓰시기 위해 확인하시는 것은, 그 사람이 기독교 안에서의 직책이 무엇인지가 아니라, 먼저는 그 사람이 깨끗한 그릇인지의 여부입니다.

우리도 그릇을 사용하려고 할 때는 설거지가 잘되어 깨끗하게 준비된 그릇을 꺼내서 쓰지 않습니까? 그릇을 쓸 때 그릇의 재질이 금이냐 은이냐가 먼저 중요한 것이 아니라, 바로 그 속에 더러운 것이 없는 깨끗한 그릇이냐가 중요한 것입니다. 사람도 하나님께 쓰임받으려면 믿음뿐만 아니라 그의 생각이 깨끗하고 말도 깨끗하며 행동도 깨끗하고 감정도 깨끗해야 합니다. 다른 것은 흠이 없는데 감정이 깨끗하지 못한 사람도 많이 있습니다.

이러한 깨끗한 그릇이 되도록 하기 위해서 디모데후서 2:22에서 권면합니다.

또한 네가 청년의 정욕을 피하고 주를 깨끗한 마음으로 부르는 자들과 함께 의와 믿음과 사랑과 화평을 좇으라.

정욕을 피하고 또한 깨끗한 마음으로 주님을 따르는 영적인 사람들과의 친밀한 교제 가운데 있으라고 하였습니다. 우리 각자가 자신은 누구와 시간을 제일 많이 보내는지 스스로 질문해 보고 평가해 보면, 자신이 깨끗한 그릇으로 준비되는 환경 가운데 있는지 그렇지 않은지를 알 수 있습니다. 주님을 깨끗한 마음으로 부르는 경건한 사람들, 영적인 사람들과 함께 있어야 깨끗한 사람으로 유지될 수 있는 것입니다.

또한 '깨끗한 마음으로 부르는 자'라는 말씀은 기도하는 자들을 생각할 수 있습니다. 죄를 자복하지 않고 마음에 숨기고 있으면 기도의 사람이 될 수 없기 때문입니다. 그러므로 우리는 경건한 사람들과 함께 교제를 즐기며 기도하는 일에 힘써야 합니다. 디모데전서 2:1-2 말씀처럼 모든 사람을 위해 간절히 기도하는 일에 드려지면 자신을 더욱 깨끗한 사람으로 유지하게 됩니다. 반면에 8절을 보면, 남자들이 세상일 때문에 분노와 다툼이 많이 일어나기 쉬운데, 이를 방치해두면 자기를 깨끗한 그릇으로 유지하기가 어렵게 되며 기도의 생활에 큰 방해가 됩니다. 그러나 분노와 다툼을 멈추고 기도에 힘쓰면 거룩하고 깨끗한 그릇으로 자신을 지킬 수 있게 됩니다.

우리는 흔히 주님께 쓰임받는다는 것에 대하여 종종 오해하는 것이 있습니다. 하늘로부터 내려오는 수많은 축복들로 인하여 모든 것이 뜻대로 잘되고 무엇이든지 자기가 원하는 대로 다 이루어지는 등 이런 것이 하나님의 사람으로 쓰임받는 사람의 특징이라고 생각하기 쉽습니다. 그러나 사도 바울은 디모데에게 굉장히 솔직하게 이렇게 말했습니다.

> **무릇 그리스도 예수 안에서 경건하게 살고자 하는 자는 핍박을 받으리라.** (디모데후서 3:12)

그는 디모데에게 경건하게 살면 많은 축복들만 누리게 되고 다른 어떤 어려움도 없을 것이라고 하지 않았습니다. 도리어 겁나는 이야기를 했습니다. "핍박을 받으리라"라고 분명히 말했습니다. 다른 사람이라면 몰라도 디모데처럼 마음이 여린 사람에게는 이런 말을 하는 것은 피하는 것이 좋겠다고 생각하기가 쉽습니다. 그러나 바울은 디모데에게 축복과 격려의 표현만 하는 것으로 그치지 않고, 그가 받을 고난과 핍박에 대하여도 미리 말해 주었습니다.

오늘날 기독교에서 복 받는 것만을 가르치는 경향이 있습니다. 그런데 바울은 디모데에게 경건하게 살려면, 즉 깨끗한 그릇으로 하나님께 쓰임받는 사람이 되려면 핍박에 대한 각오를 해야 된다고 말한 것입니다. 그래서 경건한 사람은 믿지 않는 가족에게 핍박을 받을 수도 있고, 친구들에게 핍박을 받을 수도 있고, 군대 가서 핍박을 받을 수도 있으며, 회사에서 상관에게 혹은 다른 직원들에게 핍박을 받는 등 여러 경로로 어려움을 당할 수 있습니다. 불경건한 세상에서 경건한 사람이 핍박을 받는 것이 특별한 것이 아닙니다.

그런데 디모데는 바울이 경건한 삶을 살면서 실제로 많은 핍박을 당하는 것을 직접 보았고, 또 하나님께서 그 핍박에서 건져 주시는 것도 보고 알았다고 하였습니다.

나의 교훈과 행실과 의향과 믿음과 오래 참음과 사랑과 인내와 핍박과 고난과 또한 안디옥과 이고니온과 루스드라에서 당한 일과 어떠한 핍박 받은 것을 네가 과연 보고 알았거니와, 주께서 이 모든 것 가운데서 나를 건지셨느니라. (디모데후서 3:10-11)

경건한 사람은 핍박받고 희생되는 것으로만 끝나는 것이 아니라, 하나님께서 건져 주시고 그 후에 더 크고 놀라운 축복과 하늘나라에서의 확실한 소망을 더해 주시는 것을 바울의 삶을 통해 직접 보았던 것입니다. 그러므로 디모데가 본래는 마음이 여리고 부끄럼도 많은 등 연약한 점이 많았지만 그런 약점을 극복하고 자신감을 가질 수 있었습니다. 이렇게 바울은 지금은 디모데가 마음이 여린 사람이긴 하지만 세상에서 당하는 핍박을 통해 오히려 부끄러울 것이 없는 일꾼으로 성장할 것을 믿고 끝까지 포기하지 않고 열심히 가르치고 격려하고 훈련하였습니다.

바울이 복음을 위해 고난을 받은 것처럼 디모데도 함께 고난을 받았습니다. 옥중 서신인 빌립보서 1:1에서 바울과 디모데가 함께 빌립보 성도들에게 편지를 쓴다고 한 것을 보면, 어느 기간 동안 그는 바울과 함께 감옥에 갇혀 있었던 것 같기도 하고, 또는 그가 바울을 찾아가 면회하면서 함께 편지를 썼을 수도 있습니다(참고: 골로새서 1:1, 빌레몬서 1:1 등 기타 옥중 서신에서). 그러나 히브리서 13:23을 통해서 우리는 분명하게 디모데가 감옥에 투옥되었다가 석방되었던 사실을 알 수 있습니다. 사도행전 16:1-15에 보면, 그는 사도 바울과 함께 빌립보 교회를 개척하는 놀라운 역사를 일으켰을 뿐만 아니라 바울과 함께 계속해서 선교에 엄청난 기여를 했음에도 불구하고, 그는 영광과 쉼을 얻는 삶이 아니라 계속 연단을 받는 삶을 살았습니다. 어려운 훈련을 계속 받아야 했던 것입니다. 오직 예수 그리스도의 복음을 전하는 일을 위해서라면 그는 어떤 고난도 견디면서 훈련을 받는 삶을 살았습니다.

이렇게 아버지에게 하듯 자기를 따르며 함께 복음을 위해 헌신적으로 수고한 디모데(빌립보서 2:22)에게, 바울은 이 모든 힘든 과정을 거친 이후에 앞으로는 재미있는 일, 행복한 일, 편안한 일, 부유하게 되는 일, 명예와 권세를 얻는 일 등이 이어질 것이라고 약속하지 않았습니다. 디모데후서 1:8에 보면, 오히려 여전히 "복음과 함께 고난을 받으라"라고 하였습니다. 고난에 대한 미래를 그에게 제시하고 있는 것입니다. 요즈음 시대에 그런 고난의 미래를 지나가는 말처럼 언질을 준다 해도 그것을 받아들일 사람들이 몇 명이나 있겠습니까? '지금은 내가 이렇게 어렵고 고통을 받지만 나중에는 큰 축복을 누리고 편안하고 영광스럽고 남에게 존경받고 부요함을 누릴 수 있다'라는 계산이 될 때 지금의 고난을 감수하는 것입니다. 요즘 시대는 설교 때마다 "복 받으라", "복 받으라" 해도 따르는 사람이 날로 적어지는 시대인데, "고난을 받으라" 하면 누가 따르겠습니까? 그런데 디모데는 바울과 똑같은 믿음으로 그리스도를 아는 지식이 가장 고상하다는 것을 알았기 때문에, 그리고 주님을 섬기는 것보다 가치 있는 것은 없다는 것을 확실히 알았기 때문에, 또 고난을 받으라는 말씀 직전에, 같은 8절 내에서 언급한, "하나님의 능력을 좇아"라는 말씀과 같이 고난을 극복할 수 있는 하나님의 능력의 자원이 있기 때문에, 그러한 고난의 미래가 명령으로 주어졌지만 조금도 두려움이나 망설임 없이 바울을 충성되게 따랐습니다.

일반 사람들은 하나님의 능력을 고난을 받지 않도록 하는 데 필요한 자원으로 사용하기를 원합니다. 그러나 바울은 하나님의 능력을 복음과 함께 고난을 받을 수 있게 하는 자원으로 믿고 있었던 것입니다. 바울은, 예수님께서 모든 능력을 가지신 하나님이시지만 그 능력을 십자가를 피하는 데, 또는 십자가에서 뛰어내려오는 데 사용하신 것이 아니라 십자가를 지는 데 사용하신 것을 잘 알았기 때문입니다.

죄악이 가득한 세상에서 깨끗한 그릇으로 경건하게 사는 삶은 쉬운 일이 아니지만, 하나님께서는 깨끗한 그릇을 사용하십니다. 그리고 하나님의 능력은 깨끗한 그릇을 반드시 지켜 주시고 주님께 쓰임받는 일에 승리하게 해주십니다.

3) 사명을 실천하는 훈련

하나님 앞과 산 자와 죽은 자를 심판하실 그리스도 예수 앞에서 그의 나타나실 것과 그의 나라를 두고 엄히 명하노니, 너는 말씀을 전파하라. 때를 얻든지 못 얻든지 항상 힘쓰라. 범사에 오래 참음과 가르침으로 경책하며 경계하며 권하라. (디모데후서 4:1-2)

여기에서 바울이 디모데에게 말하는 요지는 '너는 말씀을 전파하라'라는 것입니다. 그런데 그 말을 하기 위해서 1절에 상당히 긴 서론 격의 수식어가 앞에 나오고 있습니다. '하나님 앞과 산 자와 죽은 자를 심판하실 그리스도 예수 앞에서', 그 다음에 '그의 나타나실 것', 또 '그의 나라'를 두고, 즉 이를 배경으로 하고 서서 바울은 엄히 명한다고 하였습니다. 결국 말씀을 전파하는 일에 대하여는, 바로 하나님 앞을 생각하면서, 또 앞으로 산 자와 죽은 자를 심판하실 예수님을 생각하면서, 또한 예수 그리스도께서 영광의 왕권을 가지고 재림하심과 그리스도께서 통치하실 나라를 생각하면서, 엄숙하고 엄중한 마음 자세로 이 말씀을 전파하라는 명령을 받아들여야 된다는 의미입니다. 사실 주님의 재림과 그의 나라는 바울의 간절한 소망이었습니다. 그러므로 이 명령을 바울 자신은 어떤 자세로 전달했겠으며 또한 디모데는 어떤 자세로 들었겠습니까? 아마도 가장 진지하게 차렷 자세를 하고 엄숙하게 들었을 것 같습니다. "엄히 명하노니 너는 말씀을 전파하라!" 이 명령에 따라 우리가 말씀을 전파하는 것은 취미나 소일거리로 하는 것이 아닙니다. 일시적인 종교 행사가 아닙니다. 하나님께서 우리에게 명하신 가장 엄숙하고 엄중한 사명입니다.

그렇기 때문에 기회가 주어지면 하는 것이 아니라, 때를 얻든지 못 얻든지 항상 힘쓰라고 하였습니다. 우리는 종종 너무 좋은 기회를 찾다가 모든 기회를 놓치는 경우가 많습니다. 좋은 기회만 노리는 사람은 기회가 오지 않지만, 기회의 호불호를 가리지 않고 항상 힘쓰는 사람은 오히려 기회가 많이 옵니다.

또 범사에 오래 참음과 가르침으로 경책하며 경계하며 권하라고 하였습니다. 이것은 바로 맨투맨 교제와 훈련에서 더욱 그렇게 해야 합니다. 모든 일에 오래 그리고 많이 참아야 합니다. 환경과 상황에 대해서도 오래 참아야 하지만, 사람에 대해서도 오래 참을 줄 알아야 합니다. 사도 바울은 디모데에 대해서 얼마나 많이 참았겠습니까? 바울이 디모데를 가르치고 훈련할 때 디모데에게 있는 많은 약점들에 대해 그에게 일일이 말하지 못하고 속에서 답답한 마음이 끓어오르는 때도 있었을 것입니다. 그의 장래 가능성에 대한 의구심 등도 있었겠지만 이 모든 것들을 오래 참고 그를 잘 가르쳤습니다. 물론 용기 있게 그에게 경책도 했습니다. 젊은 사람으로서 가지고 있는 많은 약점과 문제점들에 대해 솔직하게 경책하고 경계도 하고 또 권면하기도 했습니다. 이렇게 하는 것이 참된 맨투맨 훈련입니다. 바울이 디모데에게 이렇게 해온 것처럼 디모데도 그의 충성된 사람에게 똑같은 맨투맨을 해주며 거룩하고 아름다운 동행을 진행해 나갔을 것이라 믿습니다.

우리도 디모데처럼 부족한 점이 많을지라도, 하나님께서 우리 각 사람에게 주신 장점도 또한 많이 있습니다. 장점 중에서도 특별히 'Faithful, Available, Teachable'한 마음을 하나님께서 우리 각 사람에게 주셔서, 우리도 디모데처럼 연약함이 많은 중에도 쓰임받는 일꾼이 되도록 기도해야 합니다. 또한 바울처럼 우리도 각자의 디모데를 얻어 주님의 일꾼으로 키우는 일에 자기 생애를 전폭적으로 드림으로 거룩하고 아름다운 동행의 맨투맨의 경험을 잘할 수 있게 되기를 바랍니다.

Ⅳ. 거룩하고 아름다운 동행의 축복과 그 영광의 약속

디모데후서 1장에서 바울은 자기를 따르는 젊은 디모데에게 복음과 함께 고난을 받으라고 가르치고(8절), 복음의 가치와 이를 위한 헌신의 가치가 얼마나 귀중한 것인가를 계속 강조하고 있습니다.

2장에서는 충성된 한 사람의 중요성과 비전을 가르치고 있습니다(2절). 또한 깨끗한 그릇이 쓰임받는다는 진리를 말씀하시며, 하나님께 귀히 쓰임받는 일꾼이 되기 위해서 청년의 정욕을 피하고 주님을 깨끗한 마음으로 부르는 자들과 교제와 팀웍을 하도록 강조하고 있습니다(20-22절).

3장에서는 말세의 사람들의 모습과 행태와 그 결과를 구체적으로 실제 예들을 들어 언급하면서(1-13절), 디모데에게는 오직 진리 되신 말씀 중심으로 살 것을 강조하고, 모든 영역에서 우리를 온전케 하는 말씀만을 배우는 일과 말씀에 대한 확신과 말씀에 헌신할 것을 강조하고 있습니다(14-17절).

4장에서는 그리스도께서 반드시 재림하실 것과 산 자와 죽은 자를 심판하실 것, 그리고 그의 나라를 두고 엄하게 디모데에게 명하고 있는 내용이 있습니다. 그것은 말씀을 전파하라(2절)는 것입니다. 이 명령은 때를 얻든지 못 얻든지 반드시 지켜야 되는 엄중한 명령이기 때문에 항상 이를 위해 힘써야 되는 것입니다. 말씀을 전파하기 위해서는 인내가 필요합니다(2절). 고난이 따르게 됩니다(5절). 목숨까지 바쳐야 될 때가 올 수도 있습니다(6절). 그래도 전도인의 일을 하며 자기 직무를 다하라고 명령합니다(5절).

하나님께서는 이 엄중한 명령을 충성스럽게 수행하며 살아간 사람을 허무하게 희생되고 마는 삶으로 끝나게 하시지 않습니다. 하나님께서는 반드시 그를 위해 영광스러운 의의 면류관을 예비해 두십니다.

> 내가 선한 싸움을 싸우고 나의 달려갈 길을 마치고 믿음을 지켰으니, 이제 후로는 나를 위하여 의의 면류관이 예비되었으므로 주 곧 의로우신 재판장이 그날에 내게 주실 것이니, 내게만 아니라 주의 나타나심을 사모하는 모든 자에게니라. (디모데후서 4:7-8)

이 면류관은 잠시 쓰고 박수갈채 받고 마는, 하늘나라에서의 어떤 짧은 이벤트로 끝나는 것이 아니라 영원히 누리는 영광인 것입니다. 바울은 이 영광된 면류관을 얻기 위해 이 땅의 가치 있는 모든 것을 버렸습니다. 이 땅에서 사람들이 그렇게 얻기를 원하는 가치들을 다 버려도 조금도 아깝지 않을 만큼의 가치가 있는 것을 바울은 확신하였기 때문입니다. 그리고 이 면류관은 바울에게만 해당되는 것이 아니라 바울과 같은 헌신의 삶을 산 디모데를 포함하여 우리 모두에게 주어진 약속인 것입니다. 디모데는 바울의 이런 명령을 자신의 직무로 믿고 흔들림 없이 끝까지 바울과 거룩하고 아름다운 동행을 했습니다.

제 10 장

예수님과 베드로

베드로는 안드레의 형제로 직업은 베테랑 어부였으며, 건강하고 적극적이고 열심히 일하는 사람이었습니다. 마태복음 4:19-20에 보면, 예수님께서 고기 잡는 베드로와 안드레에게 나타나셔서, "나를 따라오너라. 내가 너희로 사람을 낚는 어부가 되게 하리라" 하시자, 그들은 '곧 그물을 버려두고 예수님을 좇았다'라고 하였습니다. 이처럼 예수님을 좇는 데 있어서도 베드로는 오랫동안 고민하며 복잡한 생각을 하거나 자기 장래에 대한 어떤 거래식 질문을 하지도 않고 곧 그물을 버려두고 예수님을 좇은 사람이었습니다.

누가복음 5장에 그 전체 과정이 좀 더 구체적으로 기록되어 있는데, 먼저 1절에 보면 예수님께서 게네사렛 호숫가에

서서 계셨습니다. 여기 '서서'라고 하는 짧은 단어 내용에는 예수님의 깊은 관심이 내포되어 있는 것입니다. 마치 관광객이 바닷가를 구경하는 마음으로 서 있는 것이 아니라 바로 사람을 찾고 계셨다는 것입니다. 예수님께서 어부들을 유심히 관찰하실 때에, 그날 고기를 잡지 못하여 어떤 어부는 실망하고 수심에 잠겨서 모래밭에 주저앉아 있기도 하고, 혹은 어떤 어부는 그물을 발길로 차고 신경질을 부리면서 '내가 이 일을 언제까지 해야 되냐?' 하고 푸념하기도 하는 등 여러 모습의 사람들이 있었던 것을 그려 볼 수가 있습니다. 예수님께서는 바닷가에 서서 그런 어부들을 한 사람 한 사람 유심히 관찰하시다가 그중에서 아주 특별한 몇 사람을 보셨는데, 그 중에 한 사람이 바로 베드로였습니다.

이때의 베드로의 모습은 어떠했을까 생각해 봅니다. 아마도 그는 얼굴 표정이 불평이나 수심에 젖어 있지 않고 오히려 언젠가는 잘 잡히겠지 하는 희망찬 생각을 하는 듯 활기 있는 분위기로 그물을 씻고 정리하는 일을 열심히 하는 모습일 것 같습니다. 누가복음 4:38-39에 기록되어 있는 것처럼 예수님께서는 이전에 이미 베드로를 만나신 적이 있기 때문에, 여기 5장에서는 주목하셔서 그를 더 유심히 관찰하신 것 같습니다. 그래서 예수님께서 특별히 그에게 접근하셔서 배를 빌려 달라고 하셨고 그 배 위에서 말씀을 가르치셨습니다. 이런 바닷가에서 배를 고기 잡는 목적 외에 사용한다고 할 때 특히 고기를 잡지 못해 기분이 저하된 상태에서는 어부로서 마음을 바꾸기가 쉽지만은 않았을 것 같습니다. 그런데 베드로는 그의 배를 예수님께 선뜻 내어 드리고 그곳에서 말씀을 가르치시도록 허락한 것입니다. 이런 모습에서 우리는 베드로가 시작부터 마음이 준비된 사람이었던 것을 알 수 있습니다.

이렇게 하여 예수님께서 말씀을 다 가르치신 이후에, 4절에 보면 예수님께서 시몬 베드로에게 "깊은 데로 가서 그물을 내려 고기를 잡으라"라고 하셨습니다. 그랬을 때 베드로는 "우리들이 밤이 맞도록 수고를 하였으되 얻은 것이 없습니다"라고 대답했습니다. 전문 어부가 밤새도록 고기를 잡아 보았는데 잡은 것이 없다면 지금 그 근처에는 고기가 없다는 결론이 나오는 것입니다. 그럼에도 불구하고 베드로는 "말씀에 의지하여 내가 그물을 내리리이다"라고 하였습니다. 베드로가 예수님의 말씀에 권위를 두고 따르는 믿음을 가지고 있는 것을 보게 됩니다. 그리하여 6절에 보면 그대로 순종하여 그물을 내렸습니다. 고기가 얼마나 많이 잡혔던지 그물이 찢어지게 되었습니다. 7절에 보면 다른 배에 있는 동무에게 손짓하여 와서 도와 달라 하여 두 배에 채우자 이 배들이 잠기게 될 정도로 고기가 많이 잡혔습니다.

이러한 경험을 했을 때에, 8절에 보면 베드로는 많이 잡은 고기에 온 정신이 쏠려 신이 나서 여러 마리의 물고기를 두 손으로 잡고 하늘 위로 던지며 소리소리 지르고 있었던 것이 아니라, "주여, 나를 떠나소서. 나는 죄인이로소이다"라고 말합니다. 자기 죄를 인정하고 고백하는 신앙심을 나타내고 있는 것을 볼 수 있습니다. 밤새도록 수고를 해도 고기를 못 잡았는데 한 사람의 갑작스러운 지시대로 해보았더니 엄청나게 고기를 많이 잡게 되면, 대개의 어부들은 그 고기에 온통 정신이 팔릴 것입니다. 얼마나 기분이 좋은지 춤이라도 추고 싶을 것입니다. 그런데 베드로는 이 놀라운 사건의 순간 진지하게 이 일을 지시하신 예수님에 대한 생각을 해보았을 것입니다. '참, 신기한 일이다. 틀림없이 이분은 보통 분이 아니시다!' 하는 생각을 하다가, 베드로는 요한복음 1:40-42의 기록처럼, 이전에 이미 뵈었고 어느 정도 알고 있었던 예수님에 대해 이때에는 분명히 깨달은 것 같습니다. 예수님의 신적 능력을 보게 되자 즉시 자기의 죄인 됨을 먼저 깨닫게 된 것입니다. 놀라운 일을 경험하였을 때, 맨 먼저 놀라운 사건 자체에만 빠진 것이 아니라 자신의 죄 된 존재를 먼저 인정한 것입니다.

우리는 대개 말씀을 볼 때 축복받은 것, 감사한 것, 나에게 유익된 것 등에 관심이 집중되기가 쉽습니다. 그러나 우리가 무엇보다도 먼저 그 말씀을 해주신 분을 주의 깊게 의식하고 이분이 누구이신가에 대해서 깊은 깨달음이 있어야 하고, 또 그분의 말씀 앞에서 자신이 부족하고 부끄러운 죄인임을 깨달아야 합니다. 베드로의 경우도 매우 짧은 순간이나마 '우리가 밤새도록 수고를 했어도 얻은 것이 없는데, 정말 그렇게 될까?' 하는 지나가듯 했던 불신의 생각에 대하여도 자책이 되었을 수 있습니다. 그리하여 자신이 비록 직업적인 전문 어부이긴 하지만 놀라운 능력을 보여 주신 예수님 앞에서는 아무것도 내세울 게 없는 존재라는 것을 먼저 깨달은 것 같습니다. 또한 이런 놀라운 일을 행하실 수 있는 분은 분명 자기들의 민족이 그렇게도 간절히 기다리던 그 메시야이심이 확실하다는 생각까지 하게 되자 자신이 형편없는 죄인임을 깨달은 것 같습니다. 그래서 "주여, 나를 떠나소서. 나는 죄인이로소이다"라는 신앙적 고백을 한 것이라 믿습니다.

10절에 보면, 예수님께서는 베드로의 말대로 그를 떠나신 것이 아니라 오히려 베드로에게 더 놀라운 말씀을 해주셨습니다. "무서워 말라. 이제 후로는 네가 사람을 취하리라." '이제 후로는 이전과 비교할 수 없이 더 많은 고기를 잡기 위해서 바다로 나가게 될 것이다'가 아니라, '이제부터는 사람을 얻는 새로운 일을 할 것이다!'라고 말씀하셨습니다. 이 말씀은 베드로에게만 하신 말씀으로 끝나는 것이 아니라 바로 오늘날 우리에게도 해당되는 것입니다. 우리 각 사람이 학생이든지 직업인이든지 혹은 가정주부이든지, 또는 어떤 위치에 있든지 우리가 죄인인 것을 인정하고 예수님을 믿고 구세주로 마음속에 모셨으면, 그때 이후로 내 직업과 신분은 그대로일지라도 있는 그대로의 상태에서 우리가 사는 목적이 바뀝니다. '사람을 취하기 위해서' 살아야 하며, 사람에 대해서 관심을 가져야 되는 것입니다. 마치 예수님께서 바닷가에 서셨을 때에 구경하기 위해 서서 계셨던 것이 아니라 사람을 취하기 위해 서서 유심히 보신 것처럼, 이제 우리도 예수님을 따라 이와 같은 삶을 살도록 부르신 것입니다.

11절에 보면, 베드로는 모든 것을 버려두고 예수님을 따랐다고 하였습니다. 모든 것을 버렸다고 했는데 당연히 방금 잡은 고기도 그렇게 한 것 같습니다. 아마 고기를 잡지 못한 다른 동료 어부들에게 전해 주었을 것입니다. 또 배와 그물만 버린 것이 아니라, 그 바닷가 일과 연관된 모든 것을 다 버리고 예수님을 좇았습니다. 우리가 예수님을 따르면 세속적인 삶에서도 성공하도록 도와주십니다. 고기가 많이 잡히도록 해주시고 그물이 찢어질 정도로 복을 주시는 것이 예수님의 본심이시며 참마음이십니다. 그러나 이제 우리가 자신의 죄를 인정하고 예수님을 구세주로 믿을 때에 더 중요한 것은, 세속에서 주님의 축복으로 잡은 많은 고기로 만족하고 누리는 데 머무는 것이 아니라, 곧 예수님을 좇아가는 제자의 삶을 사는 것입니다. 예수님께서는 이런 사람들을 징모하셨습니다.

누가복음 6장에 보면, 예수님께서 밤새도록 산에서 기도를 하시고 12명을 사도로 택하셨습니다.

> **이때에 예수께서 기도하시러 산으로 가사 밤이 맞도록 하나님께 기도하시고, 밝으매 그 제자들을 부르사 그중에서 열둘을 택하여 사도라 칭하셨으니, 곧 베드로라고도 이름 주신 시몬과 및 그 형제 안드레와 및 야고보와 요한과 빌립과 바돌로매와 마태와 도마와 및 알패오의 아들 야고보와 및 셀롯이라 하는 시몬과 및 야고보의 아들 유다와 및 예수를 파는 자 될 가룟 유다라.** (누가복음 6:12-16)

예수님께서는 이렇게 12명을 사도로 세우시고 집중적으로 훈련을 시작하셨습니다. 그런데 이 12명 중에서도 베드로에 대해서는 예수님께서 각별히 높은 수준으로 훈련하신 것을 보게 되는데, 특별히 베드로에 대한 맨투맨 훈련을 어떻게 하셨는지, 예수님께서 베드로와 어떤 거룩하고 아름다운 동행을 하셨는지에 대해 성경 말씀을 통해 좀 더 구체적으로 알아보고자 합니다.

누가복음 9장 18-19절에 보면, 예수님께서 제자들에게 한 가지 질문을 하십니다. "무리가 나를 누구라고 하느냐?" 이에 제자들이, "어떤 사람은 세례 요한이라고 합니다", "또 어떤 사람은 엘리야라고 하기도 하고, 더러는 옛 선지자 중의 하나가 다시 살아났다고도 합니다"라고 대답합니다. 예수님께서는 다시 질문하십니다. "너희는 나를 누구라 하느냐?" '나에 대해 뭐라고 그러는지 남들이 하는 이야기 말고 너희 자신은 나를 누구라고 생각하느냐?'라고 질문하신 것입니다. 그러자 베드로가 아주 놀라운 대답을 했습니다.

하나님의 그리스도시니이다. (누가복음 9:20)

'예수님께서는 바로 하나님께서 보내신 그리스도, 우리의 구세주이십니다!'라는 사실을 믿고 고백을 한 것입니다. 마태복음 16:16에는 이 베드로의 대답이 "주는 그리스도시요 살아 계신 하나님의 아들이시니이다"라고 좀 더 상세하게 기록되어 있습니다. 베드로는 무리의 다른 누구보다도 정확하게 예수님께서 그리스도이심을 알고 있었고 그 대답을 했습니다. 아마도 그 전에 처음 예수님을 뵙게 되었을 때(요한복음 1:40-42)와 또한 바닷가에서 예수님의 지시대로 고기를 잡을 때 등 예수님께서 행하신 엄청난 일을 경험하게 되었을 때부터 그 사실을 깨달은 것 같습니다. 베드로는 이때부터 예수님의 많은 가르치심과 행하심을 목격하면서 훈련을 받기 시작했습니다. 예수님께서 그리스도이심을 고백한 이후부터 그에게는 더 높은 수준의 훈련이 시작되었는데, 누가복음 9:23 말씀이 그 첫 훈련의 시작이라고 생각됩니다.

1. 자기를 부인하고 자기 십자가를 지는 삶의 훈련

또 무리에게 이르시되, "아무든지 나를 따라오려거든 자기를 부인하고 날마다 제 십자가를 지고 나를 좇을 것이니라." (누가복음 9:23)

이 짧은 말씀에는 예수님께서 친히 사신 전 생애가 요약되어 있습니다.

그리스도를 믿는 신앙 고백을 한 베드로와 다른 제자들에게 예수님께서는 자기를 부인하고 날마다 제 십자가를 지고 따르는 삶을 살 것을 요구하셨습니다. 예수님을 하나님의 그리스도로 믿는 베드로에게, 이제부터는 세상에서 더 많은 것을 얻고 누리며, 높은 지위와 명예 등 모든 것을 갖추고 자랑스럽게 사는 삶을 약속하여 주시고 보여 주신 것이 아니라, 오히려 '자기를 부인하라!'라고 하신 것입니다. 사람들이 일반적으로 예수님을 믿으면 자연스럽게 제일 바라고 기대하는 것이 만사형통하는 것입니다. '예수님을 믿었으니, 이제 부터는 예수님의 능력의 도우심으로 나의 존재가 세상에서 인정받는 사람이 되어 형통케 하여 주시고, 또한 내가 이 세상 살아가는 동안에 필요한 모든 것을 풍성하게 얻게 해주십시오' 하는 기도에 하나님께서 응답해 주시기를 바라는 것입니다. 일반적으로 그것 때문에 예수님이 필요하다고 생각합니다. 대개 그리스도인들에게 그런 기대가 많습니다. 그런데 예수님께서는 베드로에게 자기를 부인하라고 하셨습니다. 진정으로 자기를 부인하면, 그와 동시에 또한 자기의 모든 것도 부인해야 하는 것입니다. 베드로가 지금까지 지녀 온 모든 욕심, 세속적으로 취하고자 하던 모든 것들을 자기 자아를 포함하여 모두 다 함께 부인하게 되는 것입니다.

또 '날마다 제 십자가를 지고' 이 말씀도 하셨습니다. 사람들은 십자가를 예수님만 지신 것으로 생각하지만 그리스도인들은 다 자기가 감당해야 할 제 십자가가 있다는 것입니다. 그것을 인정하고 그것을 자기가 짊어져야 되는 것입니다. 그러고서 예수님을 좇아야 됩니다. 자기를 부인하는 것은 절대로 받아들일 수 없고 또 자기 십자가를 날마다 지는 것을 실천하기는 망설임도 없이 거부하면서도 예수님은 따르겠다고 하는 것은 예수님의 방법이 아닙니다. 자기를 부인하는 것이 물론 쉬운 것이 아닙니다. 사람이 자기 자신의 의지로 자기를 부인하기는 절대 쉽지 않습니다. 사람들은 일반적으로, '모든 것이 자기로부터 출발하는데 자기가 없어지면 무슨 의미가 있겠습니까?'라고 생각합니다. 우리는 자기의 의견이 하나만 꺾여도 화가 납니다. 나의 생각과 남의 생각이 달라도 짜증스럽습니다. 매일의 생활 속에서 이런 일이 있을 때마다 자기를 부인하는 것이 얼마나 어렵겠습니까? 그런데 달리 생각해 보면 예수님을 따르는 데 결국 제일 방해가 되는 것은 세상도 다른 사람이나 환경도 아니고 곧 자기 자신입니다. 그러므로 예수님께서는 베드로와 제자들에게, 먼저 자기를 부인하라고 하시고, 날마다 자기 십자가를 지라고 하셨습니다. 그리고 나를 좇으라고 하셨습니다.

그런데 예수님께서는 자신이 먼저 자기를 부인하는 것을 우리에게 보여 주셨습니다. 예수님께서는 삼위일체 되신 근본 하나님의 본체이십니다(빌립보서 2:6, 히브리서 1:3). 하나님과 동등한 권위의 자리에 계신 분인데 그 하늘 보좌를 버리시고 인간의 몸을 입고 오셨습니다(빌립보서 2:7-8). 예수님께서 이 땅에 태어나실 당시에 이스라엘은 아주 초라한 나라였습니다. 주변의 강대국들로부터 항상 어려움을 당하다가 예수님 시대에는 로마의 식민지 지배를 받는 종속국이었고, 어딜 가나 가난한 자와 병든 자들이 많은 그러한 나라였습니다. 예수님께서는 그 가난하고 초라한 나라에서도 데

어날 곳이 없어서 마구간에서 태어나셨습니다(누가복음 2:5-7). 하늘의 보좌에 앉아 계시는 절대주권을 가지신 그 하나님께서 사람의 몸을 입고 태어나 말구유에 누이시게 된 것 이상의 자기 부인이 어디 있겠습니까? 그것으로 끝난 것이 아니라 예수님께서는 결국 자기가 죽음을 당하실 십자가를 직접 자신이 메고 골고다 산에 올라가셔서 못 박혀 돌아가셨습니다. 그 예수님을 우리가 믿는다면 당연히 우리도 자기를 부인하고 날마다 제 십자가를 지고 따르는 예수님의 제자가 되어야 합니다. 그 제자의 삶이란 곧 예수님의 삶을 그대로 배우고 사명 주심을 따라 실천하는 삶인 것입니다.

오랫동안 일본과 한국의 네비게이토 사역을 지도해 주셨던 밥 보드만(Bob Boardman) 선교사가, 선교회 대표인 도슨 트로트맨(Dawson Trotman) 밑에서 훈련받고 있었습니다. 콜로라도스프링스에 있는 선교회 본부인 글렌에리(Glen Eyrie)에서 선교 훈련을 받을 때 그의 꿈은 선교사로 해외에 나가는 것이었습니다. 그가 개인적으로 선호하는 나라들은 유럽의 독일이나 영국 등이어서 그런 곳에 가서 선교를 하고 싶었습니다. 그런데 네비게이토에서 그에게 요청한 것은 일본으로 가라는 것이었습니다. 하지만 일본은 밥 보드만이 제일 싫어하는 나라였습니다. 왜냐하면 2차 대전 때 참전하여 오키나와에서의 전투에서 일본군의 총탄이 그의 목을 관통

하여 목소리를 잃었기 때문입니다. 아주 심한 허스키 목소리로 겨우 말을 하는 그런 몸이 되었기 때문에 자기 목소리를 앗아 간 그 일본이라는 나라가 너무 싫었던 것입니다. 그래서 당연히 그 나라에는 선교사로 가고 싶지 않았습니다. 그런데 바로 제일 싫은 그 나라로 선교사로 가는 제안을 받은 것입니다. 한동안 갈등하다가 그는 결국 하나님의 절대주권에 굴복하여 자신의 뜻을 부인하고 순종하여 가기로 했습니다. 특히 사도행전 1:8 말씀 중에서 '사마리아와…'라는 말씀으로 인하여 자기를 부인하고 굴복한 것이었습니다.

그는 결국 일본에 선교사로 파송되었습니다. 일본에 대해서 말하자면, 선교사들에게 일본은 영적인 자갈밭으로 여겨지는 곳이었습니다. 많은 선교사들이 일본에 일단 왔다가도 성과가 거의 없으므로 보따리 싸고 고국으로 되돌아가는 경우가 많았습니다. 밥 보드만은 그런 곳에서도 중간에 포기하지 않고 계속 선교를 하였고 결국 많은 열매를 거두게 되었습니다. 현재의 일본 네비게이토 스탭들이 대부분 그분을 통해서 예수님을 믿고 주님의 일꾼들로 성장한 사람들입니다. 밥 보드만 선교사는 한국에도 일 년에 몇 개월씩 와서 한국 선교를 도와주었습니다. 이분이 이렇게 된 것은 바로, 리더와 팀의 계획과 결정이 자신의 요구나 희망 사항과 다른 때에도 그것 때문에 상처받고 리더를 비난하고 떠난 것이 아니라,

베드로처럼 그것을 잘 받아들이고 자기를 부인하고 순종하는 기회로 삼았기 때문이었습니다.

우리가 세속적인 관심과 계산으로 예수님을 따라갈 때 얻을 것이 무엇이겠습니까? 이 세상 계산기를 두드려 보면 자기를 부인하는 것부터가 전부 마이너스 요인밖에 될 수 없습니다. 세속적인 계산기로는 손해밖에 볼 것이 없지만, 하나님께서 주시는 영적 계산기로 신앙적 계산을 해본다면 이렇게 자기를 부인하고 제 십자가를 지고 예수님을 좇을 때 우리가 얻게 될 영원한 가치가 있는 것이 무궁무진한 것입니다. 이러한 영적 가치에 우선순위를 두는 삶을 사는 헌신된 사람에게 하나님께서는 세상에서 필요한 것까지도 넉넉히 더해 주신다는 축복이 마태복음 6:33에 약속되어 있습니다.

예수님께서는 이제 베드로에게 그런 훈련을 시작하신 것입니다. 자기에 대해서 올바른 영적 계산을 하는 훈련을 베드로에게 시키셨습니다. 그래서 자기를 부인하고 날마다 제 십자가를 지고 예수님을 좇아야만 바로 예수님의 제자로서의 삶에 성공할 수 있다는 사실을 인정하고 따르도록 하셨습니다.

2. 말씀 중심의 삶의 훈련

이 말씀을 하신 후 팔 일쯤 되어 예수께서 베드로와 요한과 야고보를 데리시고 기도하시려 산에 올라가사. (누가복음 9:28)

누가복음 9:23 말씀을 가르치시고 한 8일쯤 된 후에 예수님께서는 여러 제자들 중에 베드로, 요한, 야고보 이 세 사람을 특별히 데리고 기도하시려고 어느 산에 올라가셨습니다. 29절에 보면, 그곳에서 예수님께서 기도하실 때에 용모가 변화되고 그 옷이 희어져 광채가 났다고 하였습니다. 그래서 이 산을 우리는 변화산이라고 부르고 있습니다. 그 변화산에서의 놀라운 체험을 이 세 제자가 함께 했습니다. 그리고 그 때에 예수님께서 산에서 특별한 사람들을 만나 대화를 하셨습니다. 바로 모세와 엘리야였습니다(30절). 그때의 대화 내용은 예수님께서 이제 곧 왕권을 가지고 예루살렘에 임하셔서 온 세상을 통치할 것이라는 등의 베드로 마음에 딱 맞는 그런 내용이 아니라, 예수님께서 장차 예루살렘에서 별세하실 것에 관한 내용이었습니다(31절). 그것이 무슨 말인지도 이때에 베드로는 몰랐을 것입니다. 곤히여 졸고 있었기 때문입니다(32절). 다른 제자들도 마찬가지였습니다. 그들은 처음에는 졸고 있다가 나중에는 아주 깨어서 이 영광 중에 싸인 광경을 보게 되었습니다. 이 황홀한 광경에서 모세와 엘리야를 보았고 그들이 예수님과 대화를 한 후에 떠나가는 것까지 보았습니다(33절).

예수님의 용모가 변화되고 또 그 옷도 희어져 광채가 나는 것을 황홀하게 보기는 했지만 상황에 대해 정확하게 이해하지는 못했습니다. 왜냐하면 33절에 보면, 두 사람(모세와 엘리야)이 떠날 때 앞에 있었던 일과는 좀 엉뚱한 내용을 베드로가 예수님께 말씀드리고 있었기 때문입니다. 이때 베드로는 조금 전에 목격한 예수님의 영광과 그 황홀함과 신비로움에 사로잡혀 있는 가운데, "주여, 우리가 여기 있는 것이 좋사오니, 우리가 초막 셋을 짓되 하나는 주를 위하여, 하나는 모세를 위하여, 하나는 엘리야를 위하여 하사이다"라고 말했습니다. 이 말이 멋있게 들리지 않습니까? 그것이 멋있는 이유는 자기 자신의 초막이 빠져 있기 때문입니다. 베드로가 '하나는 나 자신을 위하여, 또는 우리를 위하여' 이렇게 말한 것이 없습니다. 굉장히 조심성 있고 예의 있는 높은 수준의 요청을 한 것입니다. 이 말에는 아마 '모세, 엘리야, 예수님, 이 놀라운 세 분, 즉 애굽에서 이스라엘을 해방시킨 위대한 지도자 모세, 그 많은 사백오십 인의 바알의 선지자들을 하나도 도망치지 못하게 하고 다 잡아 멸절시킨 그 놀라운 여호와의 선지자 엘리야(열왕기상 18:22,40), 그리고 메시야 되시는 우리 주님, 세 분이 합쳐서 이 나라를 다스린다면 얼마나 우리 국가와 민족을 위해서 놀라운 일이 일어나겠는가?' 하는 생각이 번개같이 빠르게 그의 머릿속을 스쳐 지나갔던 것 같습니다. 그래서 "주님, 우리가 여기 있는 것이 좋사오니, 우리가 주님과 모세와 엘리야를 위하여 초막 셋을 지었으면 하나이다!" 하고 베드로가 이렇게 말씀드릴 때, 예수님께서 베드로에게 "아주 좋은 아이디어야!"라고 하시며 칭찬하실 것 같지 않습니까?

그런데 그렇게 하시지 않았습니다. 그때에 갑자기 그들에게 구름이 몰려와서 그들을 덮었습니다. 구름 속으로 들어가게 되자 그들은 무서웠습니다. 거기서 어떤 음성이 들려왔습니다. 그것은 여호와 하나님의 목소리였습니다. "이는 나의 아들 곧 택함을 받은 자니 너희는 저의 말을 들으라"(누가복음 9:35). 이 말씀은 그들이 목격한 어떤 신비로움에 사로잡혀 있는 것보다 곧 예수님의 말씀에 순종하라는 뜻입니다. 예수님 말씀의 권위와 중요성을 알고 순종하도록 명하신 것입니다. 그러고는 오직 예수님만 보이셨습니다. 베드로의 경우 그 마음속에 무슨 생각이 있었는지는 정확하게 모르지만 우리가 여러 가지를 상상해 볼 수는 있을 것입니다. 적어도 '지금 내가 제안한 아이디어가 제일 좋은데…' 이런 생각을 할 수도 있을 것입니다. 그런데 36절에 보면, 저의 말을 순종하라고 하는 그 말씀에 그들은 잠잠했습니다. 더 이상 개인의 의견을 이야기하지 않았습니다. 이때 본 엄청난 것을 또 다른 누구에게도 말하지 않았습니다. 36절에 "아무에게도 이르지 아니하니라" 이렇게 기록되어 있습니다.

세월이 흐른 후에 베드로는 친히 경험한 이 놀라운 사실에 대해 언급한 적이 있습니다. 그런데 그는 베드로후서 1:16-18에서 그 산에서 있었던 신비로운 체험을 언급한 후에, 19절에서는 그 신비한 체험보다 오히려 더 확실한 예언의 말씀에 주의하라고 하였습니다.

> **또 우리에게 더 확실한 예언이 있어 어두운 데 비취는 등불과 같으니 날이 새어 샛별이 너희 마음에 떠오르기까지 너희가 이것을 주의하는 것이 가하니라.**

오늘날 우리들 중에 이런 체험을 했다면 일생 자기 선교 혹은 자기 목회에서 아마 자기가 체험한 이 신비로운 것을 가지고 주된 설교 내용으로 이야기할 가능성이 많을 것 같습니다. 그러면 많은 사람들도 같이 그 신비로운 것에 끌려 할렐루야 하면서 찬양하고 따라가는 일이 일어날 수 있습니다. 그러나 베드로는 그 변화산에서 직접 그 신비로운 체험을 했음에도 불구하고 자기의 메시지에서 그 신비성에 대해서 강조하여 이야기한 것이 아니라, 오히려 '우리에게 더 확실한 예언'이 있고 그것을 주의하는 것이 마땅하다고 하였습니다. '내가 변화산에서 체험한 것보다도 더 확실한 것이 있는데 그것은 바로 하나님의 말씀이다. 그리고 이 말씀은 어두운데 비취는 등불과 같다'라고 하면서 곧 말씀을 강조하였습니다. 그 산에서의 하나님의 음성도, "너희는 저의 말(예수님의 말씀)을 들으라"(누가복음 9:35)라는 것이었습니다.

많은 그리스도인들이 시편 119:105 말씀을 잘 알고 있을 것입니다. "주의 말씀은 내 발에 등이요 내 길에 빛이니이다." 이는 위에서 인용한 베드로후서의 말씀과 같은 의미의 말씀입니다. 하나님의 말씀은 어두운 곳에 비취는 등불이라고 강조하고 있습니다. 예언의 말씀, 즉 성경 말씀을 강조하고 이 말씀에 주의하는 것이 마땅하며, 그렇게 하는 것이 가장 중요하고 또 가장 좋은 것이라고 가르쳐 주고 있습니다. '그처럼 신비롭고 놀라운 체험을 나도 한번 하고 싶은데…' 하는 그리스도인이 많지만, 베드로는 '내가 직접 체험을 해 보았지만 그것이 중요한 것이 아니다. 하나님의 말씀에 뿌리를 내리고 하나님의 말씀에 주의하여 말씀 중심의 신앙을 키우는 그것이 가장 확실한 것이다'라고 분명하게 단언하고 있습니다. 그는 베드로전서 1:24-25에서도 말씀을 강조하고 있습니다.

그러므로 모든 육체는 풀과 같고 그 모든 영광이 풀의 꽃과 같으니 풀은 마르고 꽃은 떨어지되 오직 주의 말씀은 세세토록 있도다 하였으니, 너희에게 전한 복음이 곧 이 말씀이니라.

세상에 이렇게 멋있는 글이 어디 있겠습니까? 육체가 이루어 놓은 어떤 영광스러운 것도, 또는 그 육체가 경험한 어떤 신비로운 체험도 풀의 꽃과 같이 잠시 머물다 사라지는 것이지만, 주님의 말씀은 영원토록 있는 것입니다. 우리가 하나님의 말씀을 강조하고 말씀을 사모해야 하는 것은 베드로의 이 믿음에 동의하기 때문에 그런 것입니다. 베드로는 사도로서 고난의 삶을 살고 있을 때에도 이 말씀을 잘 알고 있었기 때문에 앞으로 올 영광을 내다보면서 그 모든 것을 극복할 수 있었던 것입니다. 만약 말씀에 대한 그 권위와 가치를 잘 몰랐다면 매번 예수님과의 관계에서 자기가 변화산에서 제안했던 것에 대해 '그때에 예수님께서 내 말을 들으셨으면 더 좋았을 걸…' 하는 그 아쉬움과 불평에 사로잡혀서 일생을 잘못 살아갈 수도 있는 것입니다. 왜냐하면 자기 입장에서의 세속적인 가치로 생각해 보면 자기가 제안한 것이 자기 민족과 자신들 모두를 위해 훨씬 더 좋은 아이디어같이 생각될 수도 있기 때문에 그렇습니다.

그러나 베드로는 자신의 어떤 신비로운 체험보다도, 또는 자기 생각에서 나온 어떤 번쩍이는 아이디어보다도, 가장 확실한 말씀 중심의 신앙의 중요성을 배우는 일에 예수님께 훈련을 잘 받았습니다. 보통 사람들 같으면 한 번 더 체험해 보고 싶은 그 신비한 일에서 자기를 꺾고 부인한 것입니다. 오직 영적 개념이 선명한 말씀 중심의 삶에 대한 훈련을 잘 받았습니다.

3. 섬김의 삶의 훈련

누가복음 22:24에, "또 저희 사이에 그중 누가 크냐 하는 다툼이 난지라"라고 기록한 내용이 있습니다. 제자들이 갑자기 서로 말다툼을 한 것입니다. 보통의 토론보다 좀 더 격한 감정이 오고 가는 그런 다툼이 있었습니다. 그것은 앞으로 예수님께서 메시야 왕으로서 예루살렘에 다윗 왕국을 재건하고 세상을 다스리실 것으로 생각하고, 그때가 오면 제자들 중에 누가 더 높은 자리를 차지할 것인지에 대하여 서로의 권력에 대한 욕심을 드러내고 논쟁을 하고 있었던 것입니다. 그때에 예수님께서 답을 해주셨는데 하나님의 나라는 섬기는 종이 되는 것이라고 하셨습니다.

예수께서 이르시되, "이방인의 임금들은 저희를 주관하며 그 집권자들은 은인이라 칭함을 받으나 너희는 그렇지 않을지

니, 너희 중에 큰 자는 젊은 자와 같고 두목은 섬기는 자와 같을 지니라. 앉아서 먹는 자가 크냐 섬기는 자가 크냐? 앉아 먹는 자가 아니냐? 그러나 나는 섬기는 자로 너희 중에 있노라." (누가복음 22:25-27)

여기에서 예수님께서는 베드로에게 '누가 더 크냐?'라는 잘못된 관심에서 떠나 진정으로 섬기는 자가 되도록 가르치시며, 예수님 자신도 곧 섬기는 자로 그들 중에 있다고 천명하셨습니다(27절). 예수님께서는 베드로에게 큰 자가 되려면 먼저 자기를 부인하고 섬기는 자가 되는 훈련이 필요함을 말씀하셨습니다. 자기를 부인하지 않으면 결코 섬기는 자가 될 수 없습니다. 31-32절에 보면, 예수님께서 제자들 중 베드로를 향해서 "시몬아, 시몬아, 보라 사단이 밀 까부르듯 하려고 너희를 청구하였으나, 그러나 내가 너를 위하여 네 믿음이 떨어지지 않기를 기도하였노니, 너는 돌이킨 후에 네 형제를 굳게 하라"라고 말씀하신 것이 있습니다. 아마 여기서 누가 높으냐 하는 대화의 중심은 베드로 자신이었던 것 같습니다. 그런 생각을 가진 것 자체가 벌써 사탄이 청구를 한 것입니다. 밀 까부르듯 한다고 했는데, 밀을 키질로 까부르는 것은 그곳에 알곡만 남기고 껍데기는 날려 보내는 것입니다. 밀 까부르듯 사탄이 키질을 하면 키 속에서 정신없이 흔들리고 부딪치고 높이 올랐다 떨어지는 격렬한 시험을 받는 것인데, 사탄은 이를 통해 베드로가 참된 제자로서의 알곡이 아니고 쭉정이밖에 못 된다는 것을 보여 주려고 청구하였습니다. 그러나 감사한 것은 예수님께서 그를 위해 믿음이 떨어지지 않게 기도하여 주신 것입니다. 베드로는 겸손하게 섬기는 자가 되어 예수님의 알곡이 되어야 하는데, 예수님께서 기도해 주시지 않았다면 하마터면 사탄의 시험으로 빈 쭉정이 같은 제자가 될 뻔하였습니다.

사탄은 한때 욥에 대해서 하나님 앞에 청구를 한 것(욥기 1:6-12)과 같이 베드로에 대해서도 그런 청구를 하였던 것입니다. 사탄이 하나님께, "베드로가 그렇게 자기를 부인하고 예수님을 잘 따른다는데 어디 한번 봅시다. 내가 내 전문적인 방법으로 그를 시험해 보겠습니다" 하고 청구를 했지만, 예수님께서 그의 믿음이 떨어지지 않도록 기도를 하셨습니다. 또 사탄이 청구한 사람은 베드로 한 사람만이 아니고 제자들 모두였을 것입니다. 그러나 요한복음 17:11,12,15 말씀과 같이 예수님께서는 모든 제자들을 위해서도 보전하여 주시기를 간절히 기도하셨습니다. 이렇게 기도하신 주님께서는 베드로에게, "네가 떨어지지는 않을 것이다. 그렇지만 누가 높으냐 하는 문제를 가지고 서로 다투는 그런 잘못을 뉘우치고 돌이킨 후에 이제부터는 형제들을 굳게 하라(누가복음 22:32). 세속적인 욕심에서 서로 높아지려고 싸우지 말고, 진정한 섬김의 올바른 목표를 가지고 그들의 믿음을 견고하게 해주는 섬김의 리더십을 가지라"라고 말씀하신 것입니다.

그러자 33절에서 베드로가 "주여, 내가 주와 함께 옥에도, 죽는 데도 가기를 준비하였나이다"라고 대답하였습니다. 죽는 데까지 함께 가기를 원한다고 한 것은 마음의 단순한 각오 정도가 아니라 그 이상의 어떤 준비를 이미 한 것같이 보입니다. 그것이 무엇인지는 몰라도 예수님을 따르면서 앞으로 어려운 일을 당할 것이라는 것을 알고 마음만 준비한 것이 아니라 실제적으로 어떤 구체적인 준비를 해왔던 것 같습니다. 누가복음 22:38에 보면, 이것이 바로 그 준비 중의 하나였는지는 확실하지 않으나, 그들은 검 두 개를 준비했었고, 예수님을 체포하러 왔을 때 49-50절에 보면 베드로는 이 검을 잠깐 사용하기도 했습니다(요한복음 18:10). 그러므로 33절에서의 베드로의 결연한 의지의 표명은 그냥 갑자기 생긴 경황 중에 예수님 앞에서 변명하기 위해 하는 말이 아니라 실제로 그런 의도와 준비가 있었기 때문에 그렇게 대답한 것으로 생각됩니다.

그런데 예수님께서는 이처럼 헌신적인 베드로의 말에 기대와는 다른 대답을 하셨습니다. "그래, 너의 말이 그대로 이행되지 않을 것은 내가 알긴 알지만, 말이라도 그렇게 하니까 고맙다" 하시면서 베드로의 등을 두드려 주시며 칭찬해 주시지 않았습니다. 오히려 34절에, "베드로야, 내가 네게 말하노니 오늘 닭 울기 전에 네가 세 번 나를 모른다고 부인하리라"라고 말씀하셨습니다. 내일도 모레도 아니고 '오늘 닭 울기 전에', 베드로가 그 말을 한 바로 그날, 베드로가 세 번 자기를 모른다고 부인할 것이라고 말씀하신 것입니다. 이때의 베드로의 심정이 어떠했겠습니까?

자기는 예수님을 배반하여 부인할 것이라는 것을 상상도 안 했고, 실제로 마음속 깊이 좋은 의도로 예수님을 섬기기 위해서 옥에도 갈 것이고 죽는 데도 같이 가서 죽겠다는 각오를 가지고 있었을 것입니다. 그런 베드로에게 "오늘 닭 울기 전에 네가 세 번 나를 모른다고 부인하리라"라고 말씀하시면, 그 이야기를 들은 베드로는 매우 기분이 나쁘고 억울하다는 생각도 들었을 것입니다. 예수님께 대하여, '격려는 하나도 안 해주시고 어떻게 그렇게 나에게 부정적인 이야기만 하십니까?' 하며 불평할 수도 있는 것입니다. 또 예수님께서는 베드로의 연약한 부분을 이해해 주시고 사랑으로 감싸 주심으로 심각한 문제로 발전하여 절망에 빠지지 않도록 그를 격려해 주셔도 될 터인데, 왜 예수님께서는 그렇게 하지 않으셨겠습니까? 그렇게 하는 것은 매우 인간 중심적인 사고 방식이기 때문입니다. 예수님께서 베드로에게 이렇게 하신 것을 통해서, 우리는 진정성이 없는 일시적 인간관계 중심의 격려는 쓸모 있는 하나님의 사람으로 훈련시키는 데는 방해가 됨을 배울 수 있는 것입니다. 만약 우리가 지금까지의 영적 성장 과정에서 항상 이해와 격려와 보호만 받고 베드로처럼 훈련받는 경험이 없었다면, 섬기는 인격을 갖춘 일꾼이 되는 데는 아직도 매우 미성숙한 단계에 있음을 인정해야 합니다.

사람은 누구나 시험당하는 그 시점에서 즉각 자기를 부인하지 않으면 예수님을 부인하게 될 수 있습니다. 예수님을 부인하는 사람은 다른 사람을 섬기는 일에서 그 진정성이 순수하지 않게 됩니다. 그렇기 때문에 예수님께서는 베드로에 대해서 인간적인 방식으로 이해해 주시고 일시적으로 격려하시기보다는 주님의 제자로서 수준 높게 섬기는 자가 되도록 하기 위해 오히려 더 깊은 관심을 가지시고 자기를 부인하는 특별한 훈련을 하신 것입니다.

그 이후에 전개된 상황이 누가복음 22:54-62에 기록되어 있습니다.

예수를 잡아끌고 대제사장의 집으로 들어갈새 베드로가 멀찍이 따라가니라. 사람들이 뜰 가운데 불을 피우고 함께 앉았는

지라 베드로도 그 가운데 앉았더니, 한 비자가 베드로의 불빛을 향하여 앉은 것을 보고 주목하여 가로되, "이 사람도 그와 함께 있었느니라" 하니, 베드로가 부인하여 가로되, "이 여자여, 내가 저를 알지 못하노라" 하더라. 조금 후에 다른 사람이 보고 가로되, "너도 그 당이라" 하거늘, 베드로가 가로되, "이 사람아, 나는 아니로라" 하더라. 한 시쯤 있다가 또 한 사람이 장담하여 가로되, "이는 갈릴리 사람이니 참으로 그와 함께 있었느니라." 베드로가 가로되, "이 사람아, 나는 너 하는 말을 알지 못하노라"고 방금 말할 때에 닭이 곧 울더라. 주께서 돌이켜 베드로를 보시니, 베드로가 주의 말씀 곧 "오늘 닭 울기 전에 네가 세 번 나를 부인하리라" 하심이 생각나서 밖에 나가서 심히 통곡하니라.

베드로는 예수님께서 예고하신 것처럼 정확히 세 번 예수님을 부인했습니다. 자기를 부인해야 하는데 예수님을 부인하였습니다. 마태복음 26:74의 기록을 보면, 그냥 부인하는 정도가 아니라 저주하며 맹세하면서까지 예수님을 부인했습니다. 그러다가 갑자기 닭이 "꼬끼오~!" 하고 우는 소리를 듣고 그제야 베드로는 깨달았습니다. 닭 울기 전에는 미처 몰랐다가, 닭 울음소리를 듣고 나서야, '아~! 나라는 존재가 이 정도밖에 안 되는구나!' 하고 깨달은 것입니다. 그리고 심히 통곡을 했습니다. 심히 통곡했다는 것은 정말 자기 자신이 훅 불면 날아가 버리는 티끌같이 형편없는 존재라는 것을 깨닫고 자신에 대한 처절한 절망감, 비참함을 느끼며, 스스로 뉘우치는 그런 통곡을 한 것이었습니다. 그 우는 소리가 엄청 컸을 것입니다. 베드로는 자기가 부서지고 깨어지는 처절한 통곡과 회개를 했습니다.

자기를 부인하는 것은 한 번으로 끝나는 것이 아님을 우리는 알아야 합니다. 순간순간 매일매일 자기 십자가를 지지 않으면, 두려움 때문에 비록 일시적이기는 하지만 또 속마음은 그렇지 않으면서도 언제든지 예수님을 부인할 수 있는 것입니다. 사실 예수님을 나타내지 않는 삶을 살면 그것 자체가 예수님을 부인하는 것입니다. 이것을 통해 베드로는 마음속에 깊이, 자기를 부인하고 날마다 제 십자가를 진다는 의미가 무엇인지를 제대로 깨닫게 되었을 것입니다. 예수님과 말씀을 공부하는 과정이나 예수님의 가르침을 듣는 분위기 속에서는 자신이 영적으로 하늘 꼭대기에 앉은 것 같은 그런 기분으로 살았지만, 막상 자기를 향해서 "어? 당신 베드로 아니야? 예수 따라다니던 그 사람 맞잖아?" 할 때 그 순간 자기의 실제적 존재가 드러나게 된 것입니다.

6·25 전쟁 이후에 그리스도인들이 주로 하는 훈련 중에 순교에 대한 것이 있었습니다. '예수님을 믿는 사람이라고

할 때 죽임을 당할 수 있는데, 이에 대한 믿음의 준비를 하자!' 하는 것이 교회의 굉장히 중요한 이슈였던 적이 있었습니다. 베드로는 자기가 실제로 순교하겠다고 하는 그런 말을 누가복음 22:33에 했는데도 불구하고 막상 그런 상황을 당하니까 부인한 것입니다. 이처럼 이론적으로가 아니라 실제로 자기를 부인하는 훈련이 되지 아니하면, 인간의 의지만으로는 목숨이 걸린 극단의 위기 상황을 만났을 때 예수님을 부인하지 않는 믿음을 지속하기가 매우 어려운 것입니다.

우리가 주님을 섬기고 사람을 섬기는 일에서도 철저하게 먼저 자기를 부인하지 않으면 나의 교만 때문에 섬기는 일을 지속하기가 고통스럽고 포기해 버리고 싶을 때가 많은 것입니다. 섬기는 삶이 주님께서 명하신 우리의 본분인데, 내가 교만하여 나를 부인하지 않으면 결국 내가 살아나서 남을 섬기는 삶을 지속하지 못하게 되고 주님을 부인하는 결과에까지 가게 될 수 있습니다. 베드로가 살던 때에는 노예도 있고 종도 있는 시대였습니다. 그들은 항상 남을 섬겨야 하는 신분이었습니다. 그러므로 섬기는 자가 되라는 말은 매력 있게 들리기보다 오히려 모욕적인 말로 들릴 수밖에 없는 시대였습니다. 그런 시대적 배경에서 주님께서는 베드로에게 삶의 현장에서 바로 그 올바르게 섬기는 삶의 훈련을 해주셨습니다. 자기를 부인하고 섬기는 삶을 예수님께서는 베드로에게 직접 맨투맨으로 가르쳐 주신 것입니다. 섬기는 삶에서 어떤 경우에서도 예수님을 부인하지 않게 하는 필수 조건은 먼저 자기를 부인하는 믿음입니다. 자기를 부인하지 않으면 결국 남을 섬기는 삶을 살지 못하고 자기 자신만을 섬기는 삶이 되고 맙니다. 이렇게 되면 우리는 섬기는 삶에서 주님을 부인하는 결과가 되는 것입니다. 그러므로 모든 인간관계에서도 항상 자기를 부인할 때 올바른 동기와 즐거운 마음으로 다른 사람을 섬길 수 있게 되는 것입니다.

우리가 일반적으로 영적인 리더로서 주님을 섬기는 일꾼이 되는 것에는 즐거워하고 감사하면서, 다른 사람을 섬기는 자가 되는 것에는 마음이 무거워지고 거부 반응이 일어나는 경우가 많습니다. 그렇게 되는 이유는 아직 자신이 주님을 섬기려는 마음도 없기 때문이라는 것을 인정해야 합니다. 요한일서 4:20에, “누구든지 하나님을 사랑(섬김)하노라 하고 그 형제를 미워하면(섬기길 싫어하면) 이는 거짓말하는 자니 보는 바 그 형제를 사랑치(섬기지) 아니하는 자가 보지 못하는 바 하나님을 사랑할(섬길) 수가 없느니라”라고 말씀하셨기 때문입니다. 21절에서, “우리가 이 계명을 주께 받았나니 하나님을 사랑하는(섬기는) 자는 또한 그 형제를 사랑할지니라(섬길지니라)”라고 하신 말씀을 통해서 그리스도의 제자 훈련을 하는 영적 리더가 철저하게 깨달아야 할 것은, 리더는 다른 사람을 먼저 섬기는 자이지, 남에게 섬기는 자가 되라고 명령하는 위치가 아니라는 것입니다.

4. 책망을 통해 배우는 삶의 훈련

마태복음 16:21에, "이때로부터 예수 그리스도께서 자기가 예루살렘에 올라가 장로들과 대제사장들과 서기관들에게 많은 고난을 받고 죽임을 당하고 제삼 일에 살아나야 할 것을 제자들에게 비로소 가르치시니"라고 했습니다. '비로소 가르치시니'라는 말씀은, 예수님께서 그 직전까지는 자기의 죽음에 대한 이야기를 구체적으로 하지 않으셨는데, 이때 제자들에게 결국 자기가 앞으로 어떻게 되실 것을 상세히 드러내어 이야기하셨다는 의미입니다. 제자들은 '예수님께서 아무리 저렇게 말씀하셔도 결국은 왕이 되실 거야. 그리스도의 최종의 모습은 왕이 되시는 것이니까' 하는 생각만을 가지고 지금까지 성실하게 따랐는데, 예수님께서 어떻게 죽임을 당할 것이라는 이야기를 확실하게 하시니까, 그 다음에 하신, 제삼 일에 살아나실 것에 대한 이야기는 제자들의 귀에 잘 들리지가 않은 것 같습니다. 죽임을 당한다는 것만 귀에 잘 들린 것 같습니다. 왜냐하면 이 말씀 이후에 제자들의 반응을 보면 제삼 일에 살아나실 것에 대한 말씀과 연관된 반응은 없고 죽임을 당하심과 관계된 반응만 있기 때문입니다.

그래서 예수님께서 죽으실 것, 즉 예루살렘에 올라가서 종교 지도자들에게 신문을 받고 십자가에서 죽임을 당할 것이라는 이야기를 들었을 때에, 베드로가 굉장히 좌절이 되었던 것 같습니다. 그런데 이 좌절 자체가 베드로에게는 실로 중요한 훈련 과정이었다고 생각합니다. 마태복음 16:22에 보면, 베드로가 예수님을 붙잡고, "주여, 그리 마옵소서. 이 일이 결코 주에게 미치지 아니하리이다"라고 말합니다. 이 말은 '절대로 이런 일이 주님께 일어나서는 안 됩니다' 혹은 '그런 일이 주님께 미치지 않도록 우리가 무엇인가를 하겠습니다'라는 뜻으로 한 것 같기도 하고, 또는 '우리는 모든 것을 버리고 주님을 따랐는데 죽으시겠다니요?' 하는 항변하는 듯한 감정으로 예수님을 만류한 말 같기도 합니다. 그때 예수님께서 "그래, 네가 지금 생각은 잘못하고 있지만, 나의 죽임 당함에 대한 너의 그런 태도는 참 고맙다. 너 밖에는 없구나!" 이러시면서 칭찬을 해주셔야 격려가 될 텐데, 예수님께서는 그렇게 말씀하시지 않았습니다. 23절에 보면 그 반대로 깜짝 놀랄 충격적인 말씀을 하셨습니다.

예수님께서 돌이키시며 베드로에게, "사단아, 내 뒤로 물러가라. 너는 나를 넘어지게 하는 자로다. 네가 하나님의 일을 생각지 아니하고 도리어 사람의 일을 생각하는도다!" 하시면서 심하게 꾸짖으셨습니다. 누군가 어려움당하는 것에 대하여 절박한 마음으로 "그러지 마십시오!" 하고 만류할 때, 일반적인 사람의 감정상으로는 기분이 좋은 것입니다. 그러나 이것은 사람 중심의 생각이고 감정입니다. 십자가를 말리는 것은 바로 사탄밖에 없습니다. 그래서 예수님께서는 베드로에게 "사단아, 내 뒤로 물러가라!" 하고 호통을 치시고, '너는 나를 넘어지게 하는 자'라고 질책하셨습니다. 물론 예수님께서 베드로의 인격을 가리켜 사탄이라고 하신 것이 아니라, 다만 사탄의 뜻에 동조하게 된 베드로의 시험에 빠진 상태를 꾸짖으신 것입니다.

인간 중심의 생각으로 종종 사람을 격려하고 기쁘게 해주는 데만 몰입하다 보면, 참진리 가운데서 사람을 이끌어 가지 못하며 하나님의 뜻에 맞게 하나님의 일을 하지 못하게 됩니다. 그래서 예수님께서는 베드로에게, "하나님의 일을 생각지 아니하고 도리어 사람의 일을 생각하는도다" 하고 엄하게 책망하신 것입니다(마태복음 16:23). 사람의 일을 생각하는 것은 바로 인본주의적인 사고방식인데, 때때로 그것이 우리의 감정에 더 와 닿고 마음을 들뜨게 하고 흔들어 놓기 쉬운 것입니다. 사람 중심의 말이나 생각이 사람의 귀에 더 솔깃하게 들리고 또 마음에 쉽게 이해가 되고 감동도 됩니다. 그런데 나중에 그 말대로 따라 살다 보면 결국 사탄에게 속게 되는 경우가 많은 것입니다.

책망이나 권면의 훈련은 어렵습니다. 때때로 이런 훈련을 할 때 오해도 많이 받습니다. 그리스도인들 중에는 훈련을 위한 책망이나 권면은 고사하고 항상 격려와 칭찬만 해줘도 얼굴 표정이나 음성에서 느끼는 기분에 따라 오해하고 상처받고 다른 사람을 비판하며 교제를 떠나는 사람들도 있습니다. 교회를 쇼핑하듯이 수시로 옮겨 다니는 사람도 있습니다.

베드로가 이 시점에서 예수님의 깊은 마음속을 제대로 이해하지 못했거나 신뢰하지 못했다면 훈련을 포기하고 떠날 수도 있었습니다. '나를 인격적으로 대해 주지 않는 이런 리더십 밑에서 배우기 싫다. 자기를 위해서 내가 그렇게 충심으로 이야기했는데 나더러 사탄이라고 하시다니! 내 나름대로는 예수님 자신을 위해 좋은 제안을 말씀드린 것인데, 자기를 넘어뜨리는 사람이라고 하시다니!' 이렇게 화를 내면서 예수님을 떠날 수 있었습니다. 그래도 제대로 된 주님의 제자가 되려면, 어렵지만 이 책망받는 훈련을 잘 받아야 합니다. 베드로는 철저하게 이 훈련을 받았습니다.

마태복음 16:24과 누가복음 9:23 말씀과 같이, 자기를 부인하는 것을 배우는 훈련은 바로 십자가의 목표와 반대되는 것을 물리칠 줄 아는 훈련인 것입니다. 왜냐하면 그 십자가를 반대하는 모든 것은 예수님께로부터 나오는 것이 아니라 사탄으로부터 또한 자신의 육신의 소욕으로부터 나오는 것이기 때문입니다. 혹 책망받으며 따르는 삶이 무슨 아름다운 동행인가 생각하는 사람도 있겠으나, 베드로는 예수님께서 해주신 책망받는 훈련으로 말미암아 십자가의 제자의 길을 끝까지 거룩하고 아름답게 지킬 수 있었던 것입니다.

5. 믿음의 삶의 훈련

밤 사경에 예수께서 바다 위로 걸어서 제자들에게 오시니. (마태복음 14:25)

밤 사경은 새벽 3시에서 6시 사이로 여전히 어두운 밤입니다. 오천 명을 먹이신 기적 이후 예수님께서는 제자들을 재촉하사 먼저 배 타고 건너편으로 가게 하셔서 제자들이 배를 타고 가고 있는 중이었습니다. 예수님께서는 그 무리들을 보내신 후 기도하러 따로 산에 올라가셨다가 이때에 바다 위를 걸어서 제자들에게 오고 계셨습니다. 그런데 이 바다는 잔잔한 바다가 아니었습니다. 24절에 보면, "배가 이미 육지에서 수 리나 떠나서 바람이 거스르므로 물결을 인하여 고난을 당하더라"라고 하였습니다. 제자들이 배 안에서 고통을 받고 있었습니다. 26절에 "제자들이 그 바다 위로 걸어오심을 보고 놀라 유령이라 하며 무서워하여 소리 지르거늘"이라고 기록된 것처럼, 제자들은 이중으로 겹친 큰 두려움에 차 있었습니다. 이에 예수님께서는 어차피 살려 줄 것 한번 놀려 줄까 하는 짓궂은 사람들처럼 하시지 않고, 두려움에 떨고 있는 그들의 고통스러운 입장을 잘 공감하시며, 즉시 "안심하라. 내니 두려워 말라"(27절)라고 하셨습니다. 그들에게 자기가 누구시라는 것을 소리쳐서 알려 주신 것입니다.

28절에 보면, 베드로가 대답하길, "주여, 만일 주시어든 나를 명하사 물 위로 오라 하소서!" 하고 요청합니다. 예수님께서 물 위를 걷는 것을 보고 자기도 물 위를 걷게 해달라고 요청을 한 것입니다. 조금 전 두려움 가운데 있던 베드로가 이 순간 어떻게 이런 생각을 했을까 신기하고 궁금합니다. 이런 생각은 다른 제자들은 상상도 못하고 있었던 것 같습니다. 더구나 이렇게 바람이 불고 물결이 세찬데 물 위를 걷게 해달라고 베드로가 요청한 것은 아주 특별한 것입니다. 오병이어의 기적을 바로 얼마 전에 경험했기 때문에 베드로는 예수님의 능력을, 바람 불고 물결이 세찬 바다에서도 다시 한 번 경험하고 싶은 믿음의 열망이 있었던 것 같습니다. 또한 예수님께 헌신된 베드로는 아마도 예수님께서 하고 계시는 모든 것을 다 경험하고 싶은 마음이 있었기 때문에 그런 요청을 했을 것이라고 생각합니다.

사도 바울도 그랬습니다. 예수님께서 체험하신 모든 것을 자기도 스스로 다 체험하기를 원했습니다(빌립보서 3:10-11). 그래서 자기도 부활에 참예하는 그것까지 체험하기를 원했습니다. 예수님의 부활에 참예하는 것은 먼저 예수님을 위해서 죽는 것을 거쳐야 경험할 수 있는 것입니다. 사도 바울은 그것을 알고 있었을 것입니다. 그만큼 예수님께서 경험한 모든 것을 자기도 다 체험하고 싶다는 놀라운 영적 열망을 사도 바울이 가지고 있었습니다.

베드로도 예수님께서 물 위를 걷는다면 자기도 걷고 싶다는 생각이 그 순간 난 것 같습니다. 그런 요구를 했을 때 예수님께서 "너는 안 돼!" 그렇게 하시지 않았습니다. 29절에, "오라 하시니 베드로가 배에서 내려 물 위로 걸어서 예수께로 가되"라고 했습니다. 예수님께서 오라고 하셨을 때 베드로는 배에서 내려서 물 위를 몇 발자국 걸어갔습니다. 예수님 쪽으로 가고 있는데 바람이 세게 부는 것을 바라보고 무서워하자 그만 물속으로 빠져 들어가기 시작했습니다. 이에 베드로는 소리를 지르면서 주님께 구해 주시길 청했습니다.

31절에, "예수께서 즉시 손을 내밀어 저를 붙잡으시며 가라사대, '믿음이 적은 자여, 왜 의심하였느냐?' 하시고"라고 했습니다. 여기에서 우리가 묵상해 볼 것이 있습니다. "네가 비록 바람과 파도를 보고 빠지기는 했지만 이 세상에 물 위를 몇 발자국이라도 걸은 사람은 너밖에 없잖아. 아~ 너 놀라운 사람이야!" 이렇게 말씀해 주셔야 격려가 될 것이라 생각됩니다. 실제로 물 위를 몇 발자국이라도 걸어 본 사람이 누가 있겠습니까? 그러면 그 정도라도 시도해 본 적극성과 믿음에 대해 칭찬해 주셔야 하지 않겠습니까? 그런데 예수님께서는 무엇이라고 하셨습니까? "믿음이 적은 자여, 왜 의심하였느냐?"라고 하시며, 그에게 믿음이 적은 것을 지적해 주셨습니다. 베드로의 믿음의 부족을 지적하시고 그 면의 훈련을 하신 것입니다. 요즘 그리스도인들 중에는 이러한 말을 하는 리더가 별로 없는 것 같습니다. 또 베드로는, '물 위를 그래도 몇 발자국이라도 걸은 사람은 나밖에 없는데…' 하고 자기에 도취되어서 믿음이 없다고 지적하시는 자기 리더인 예수님께 불만을 표할 수도 있었겠지만 그렇게 하지 않았습니다. 그런데 좀 더 주의 깊게 생각해 보면, 예수님께서 베드로에게 하신, '믿음이 적은 자여, 왜 의심하였느냐?'라는 이 말씀은 베드로의 적은 믿음을 책망하신 것보다 오히려 그의 믿음을 한층 더 북돋아 준 수준 높은 격려의 말씀임을 우리는 믿어야 합니다. 앞으로의 그의 믿음을 위해 박차를 가하는 적극적 격려였습니다.

마태복음 15:22에 보면, 가나안 여자 하나(마가복음 7:26에는 수로보니게 족속이라 기록됨)가 그 지경에서 나와서 소리를 지르며 예수님께 간청합니다. "주 다윗의 자손이여, 나를 불쌍히 여기소서. 내 딸이 흉악히 귀신 들렸나이다!" 이렇게 자기 딸이 귀신 들려 있는 것을 낫게 해달라고 청하는 여자에게 예수님께서는 "자녀의 떡을 취하여 개들에게 던짐이 마땅치 아니하니라"(26절)라고 대답하십니다. 예수님의 말씀은 어떤 때 굉장히 직설적인 것같이 느껴질 때가 있습니다. 당시 유대인들은 이방인들을 경멸하여 개라고 불렀습니다. 그들이 알고 있는 대로 그대로의 용어를 사용하셨습니다. 그러나 예수님께서 그렇게 하신 것은 그를 경멸하신 것이 아니라 오히려 믿음의 간구를 촉발하기 위함이었습니다.

그런데 이 여자는, "아무리 그렇더라도 어떻게 그렇게 말씀하십니까?" 하며 화를 내거나 덤비지 않았습니다. 27절에 보면, 그 가나안 여자는 유대인들이 자기들을 그렇게 취급하고 있음을 겸손히 인정하면서, "주여, 옳소이다마는 개들도 제 주인의 상에서 떨어지는 부스러기를 먹나이다"라고 대답합니다. "개들이 제 주인의 상에서 떨어지는 부스러기를 머는 것처럼 나는 자격 없는 사람이지만 예수님의 축복의 부스러기라도 하나 얻게 해주소서!" 하고 계속 간청한 것입니다. 이에 예수님께서는 그에게 어떻게 말씀하셨습니까? "여자야, 네 믿음이 크도다. 네 소원대로 되리라" 하셨고, 바로 그 즉시로 그의 딸이 낫게 되었습니다. 이 사건을 통해 예수님께서는 오히려 이를 보고 듣고 있던 제자들이 믿음의 훈련을 받기를 원하신 것이라고 생각합니다.

베드로는 예수님을 따라다니면서 그렇게 이방인 여자의 믿음을 칭찬하시는 것을 보고는 자기가 당한 얼마 전의 일이 문득 생각이 나서, '왜 주님께서는 나 베드로에게는 칭찬을 하나도 안 해주시는 거야? 그래도 내가 믿음으로 물 위를 몇 걸음은 걸었는데…' 하고 불평하지 않았습니다. 왜냐하면 그는 훈련을 받아야 하는 주님의 제자였기 때문입니다. 우리 중에서도 진정으로 주님의 제자로 훈련을 받고 싶으면 베드로같이 되어야 합니다. '나는 누가 나에게 했던 이런저런 섭섭한 말 때문에 상처받았다' 하면서 옛날 있었던 일을 거듭거듭 되씹으며 불평하는 사람은 베드로 같은 제자가 될 수 없습니다. 논리적으로는 그렇게 말하는 사람의 말이 맞을 수도 있지만, 예수님께서 원하시는 높은 수준의 믿음의 훈련을 받은 베드로 같은 제자는 되지 못하는 것입니다.

6. 주님의 절대주권에 굴복하는 삶의 훈련

요한복음 21장에 보면, 예수님께서 부활하시기는 했지만 그 직후의 분위기는 잠시 동안 제자들에게 어떤 특별한 장래의 전망이 보이지는 않았던 것 같습니다. 그래서 베드로는 다른 제자들에게 "나는 물고기 잡으러 가노라"라고 하였습니다. "너희들도 같이 가자!"라고는 절대 안 했습니다. 그냥 "나 고기 잡으러 간다"라고만 했습니다. 책임지지 않으려고 지혜롭게 이야기한 것이 되는 것입니다. 그러자 다른 제자들도 다 같은 생각이 있어서 따라갔습니다. 그런데 밤이 새도록 고기를 잡으려고 해보았지만 뜻대로 되지 않았습니다. 일찍이 바닷가에서 예수님을 만났을 때(누가복음 5:1-11)와 비슷한 상황이 일어났습니다.

이런 그들에게 예수님께서 나타나셔서 고기를 잡게 해주시고, 또한 언제 어떻게 구하셨는지 미리 구워 놓은 떡과 생선을 먹게 해주셨으며, 그러고는 베드로를 불러서 개인적으로 세 번 질문을 하셨습니다. "네가 나를 사랑하느냐?" 그때마다 베드로는 사랑한다고 대답했습니다. 예수님께서 질문을 하실 때는 매번, "요한의 아들 시몬아!"라고 부르시며 질문하셨습니다. 그냥 시몬이라 부르지 않고 '요한의 아들 시몬아!'라고 하신 것은 시몬이라는 이름을 가진 다른 사람들도 여기저기 많이 있기 때문에 베드로를 특정하여 그의 아버지의 이름까지 대면서 바로 그 베드로를 개인적으로 지목하여 부르신 것입니다. "다른 사람이 아니고, 많은 다른 시몬이 아니라, 바로 요한의 아들 시몬 네가 나를 사랑하느냐?"라고 질문하신 것입니다. 세 번째 질문을 받았을 때는 베드로가 근심하게 되었습니다. 이 근심하게 하는 것도 훈련입니다. 베드로가 근심하여, "주여, 모든 것을 아시오매 내가 주를 사랑하는 줄을 주께서 아시나이다"라고 분명하게 대답합니다. 기분 좋은 질문도 여러 번 들으면 불편한 것이 일반 사람들의 감정인데, 마음에 찔리는 질문을 세 번이나 들으면 왜 그러실까 하여 갈등이 생기는 것입니다. 이때 아마도 베드로는 자기가 예수님을 세 번 부인했던 괴로운 일이 생각나기도 했을 것입니다.

한 번 "네가 나를 사랑하느냐?" 하고 묻는 것은 특별한 대화이기는 하지만 훈련은 아닙니다. 그러나 두 번, 세 번 같은 질문을 하실 때는 그것은 일반적인 교제나 대화가 아니라 훈련인 것입니다. 그리고 이 질문에 대한 대답을 근심하는 가운데서 할 때에, 베드로는 스스로 자기 자신에 대해서, '내가 예수님을 어떻게 사랑하고 있는가?' 하고 진지하게 반성해 보고, 또한 '주님을 사랑하면 앞으로 어떤 태도로 살아야 될까?' 생각하며 더 높은 수준의 다음 단계의 훈련에 임할 마음의 각오와 준비를 하게 되는 것입니다.

이런 수준의 훈련을 하신 주님께서는 그 다음에 베드로에게 어떻게 하셨습니까? 베드로에게, “네가 그 정도로 나를 사랑하니 이제는 하늘에 속한 모든 축복들을 벼락 치듯이 내려주겠다!” 이렇게 하시지 않았습니다. 18절에서 예수님께서는 베드로에게 이런 말씀을 하셨습니다.

내가 진실로 진실로 네게 이르노니, 젊어서는 네가 스스로 띠 띠고 원하는 곳으로 다녔거니와 늙어서는 네 팔을 벌리리니 남이 네게 띠 띠우고 원치 아니하는 곳으로 데려가리라.

당시의 옷은 두루마기처럼 위에서 아래로 길게 늘어뜨려 입기 때문에 그것을 묶는 띠가 있었습니다. 띠를 띤다는 것은 바로 어떤 일을 위해 외출한다는 뜻입니다. 집에서는 띠를 풀어 놓든지 하며 편안하게 있다가 집을 나설 때는 활동하기 쉽게 띠를 띠는 것입니다. 그런데 베드로가 이전에는 자기가 스스로 띠 띠고 나갔을 것입니다. 자기가 가고 싶은 곳이 있으면 띠 띠고 가고, 그러다 오고 싶으면 와서 띠 풀고, 이렇게 자기 결정을 자기가 하며 살았습니다. 그런데 이제부터는 남이 띠 띠우고 갈 것이라는 말씀을 하셨습니다. 이것은 바로 베드로가 앞으로 어떻게 죽을 것인가에 대해 예언하신 말씀이었습니다(요한복음 21:19).

예수님께서 세 번 "나를 사랑하느냐?" 물으실 때마다, 베드로는 주님께 대한 사랑을 고백했습니다. 그러자 주님께서는, "내 양을 먹이라. 내 양을 치라"라고 하셨습니다. "내 양을 먹이라. 내 양을 치라"라고 하심은 주님께서 베드로에게 성도들을 위한 목자로서의 역할을 잘하라고 부탁하신 말씀입니다. 예수님께서는 그동안 요한복음 10장의 가르치심과 실제의 삶 속에서 실천하신 목자로서의 본 된 삶을 베드로에게 보여 주셨고, 이제부터는 베드로도 그대로 살도록 명하신 것입니다. 그런데 베드로는 이 목자의 직분을 자기에게만 주어진 임무와 특권으로 받지 않았습니다. 그는 베드로전서 5:1-4에서 다른 영적 지도자들에게도 목자로서의 역할을 어떻게 해야 할지를 가르쳐 주었습니다. 이는 베드로가 자기 한 사람만이 목자가 아니요 모든 영적 리더들이 목자라는 사실을, 예수님께서 자기에게 부탁한 것과 같이, 다른 사람들에게도 부탁하며 가르치고 권하고 격려해 주고 있는 것입니다. 그러므로 누구든지 다른 성도들을 양육하는 모든 이는 목자의 책임이 있음을 확신할 수 있습니다.

예수님께서는 이렇게 목자의 역할을 당부하신 후에 마지막으로 베드로에게 그의 이 세상에서의 삶의 끝에 대해, '바로 나를 위해서 네가 어떠한 죽음으로 하나님께 영광을 돌릴 것이다'라는 이야기를 하셨습니다(19절). 그리고 바로 이어서 하신 말씀이 "나를 따르라!"였습니다. 그때 베드로는 예수님의 그런 엄중한 말씀을 듣는 가운데서도, 20절에 "돌이켜 예수의 사랑하시는 그 제자가 따르는 것을 보니, 그는 만찬석에서 예수의 품에 의지하여 '주여, 주를 파는 자가 누구오니이까?' 묻던 자러라"라고 기록한 것처럼, 요한이 보였습니다. 그래서 그는 "이 사람은 어떻게 되겠삽나이까?"(21절)라고 예수님께 물었습니다. 이 질문은 요한에 대한 베드로의 깊은 개인적 우정 때문에 그의 앞날에 대한 염려로 걱정이 되어 한 질문일 수도 있고, 또 한편으로는 자기와 요한의 장래의 길에 어떤 차이가 있는지 알고 싶어서 질문한 것일 수도 있습니다. 그런데 이런 모습이 바로 우리 모두의 모습일 수 있다는 것입니다. 우리도 예수님과 나와의 개인적인 관계, 또는 예수님께서 나에게 개인적으로 명령하신 것, 예수님께서 바로 나에게 가르쳐 주신 것에는 생각을 집중하지 않고, '저 형제는? 저 자매는 어떻게 될까?' 이것에 더 신경이 쓰일 때가 있습니다. 예수님께서는 베드로에게, "내가 올 때까지 그를 머물게 하고자 할지라도 네게 무슨 상관이냐? 너는 나를 따르라"(22절)라고 하셨습니다. '너는 너의 길이 있고, 요한은 요한의 길이 있다'라는 의미의 말씀을 하셨습니다.

이렇게 그리스도의 제자의 삶이란 하나님의 절대주권을 인정하며 그 뜻대로 내가 순종하는 것이지, 남과 나를 비교하고 남보다 내가 좀 더 편한 길이나 좀 더 멋있어 보이거나 좀 더 명예롭게 보이는 길을 추구하는 것이 아닙니다. 또는 기왕에 헌신을 할 바에는 누구보다 자기가 제일 감당하기 어려운 희생을 당하는 일에 헌신하고 싶어 하는 열정적인 사람도 있을 것입니다. 그러나 주님께서 다른 사람의 길을 어떻게 정하시고 인도하시든지 나는 나를 위한 주님의 절대주권에 의한 결정이 최선임을 인정하고 따르는 훈련이 필요한 것입니다. 베드로는 주님의 인도하심에 대하여, "우리 주 예수 그리스도께서 내게 지시하신 것같이(요한복음 21:18-19) 나도 이 장막을 벗어날 것이 임박한 줄을 앎이라"(베드로후서 1:14)라고 하며 예수님의 뜻을 당연하게 받아들이는 말씀을 하였고, 또한 성도들에게는 자기가 그렇게 세상을 떠난 후에라도 주님의 재림에 대한 견고한 믿음과 가장 확실한 말씀 중심으로 살 것을 강조하여 가르쳐 주었습니다(베드로후서 1:15-21).

예수님께 이렇게 주님의 절대주권에 굴복하는 훈련을 잘 받은 베드로는 후에 베드로전서 4:19에서 놀라운 말씀을 전해 주는 것을 보게 됩니다.

그러므로 하나님의 뜻대로 고난을 받는 자들은 또한 선을 행하는 가운데 그 영혼을 미쁘신 조물주께 부탁할지어다.

베드로는 성도들에게 얼마나 약삭빠르고 지혜롭게 처세를 잘하며 고난을 잘 빠져나갈 것인지에 대한 지혜나 비법을 가르쳐 준 것이 아니라, 비장한 고난 대처의 원리를 단순하게 가르쳐 주고 있습니다. 그것은 고난 가운데서 그 영혼을 미쁘신 조물주께 부탁하라는 것이었습니다. 조물주 되신 하나님께서 우리 영혼도 만들어 주셨고 우리 육체도 만들어 주셨기 때문에 그분께 우리 자신을 맡겨야 합니다. 그분은 영원토록 변치 않으시며 신실하시고 미쁘신 주님이시기 때문에, 그분께 나의 영혼의 통치권을 내어 드리면 궁극적으로 나를 가장 선하게 인도하여 주십니다. 베드로는 언제 어떤 어려움이 닥쳐온다 하여도 주님의 절대주권에 굴복하며 자신의 영혼을 하나님께 부탁하는 훈련이 잘된 사람이었습니다. 베드로는 수많은 고난의 훈련을 통해서 주님의 절대주권에 굴복하는 삶의 가치를 잘 배우고 깨달은 사람이었습니다. 베드로전서 1:7에서, 시련으로 연단된 믿음은 세상의 가치 있는 그 무엇보다도 귀하여 예수 그리스도의 나타나실 때에 칭찬과 영광과 존귀를 얻게 된다는 사실을 확신 있게 강조하고 있습니다. 베드로 자신이 그런 훈련을 잘 받았기 때문입니다.

7. 오직 복음 중심의 신앙으로 사는 삶의 훈련

이렇게 예수님과 아름다운 동행을 하면서 예수님께로부터 높은 수준의 맨투맨 훈련을 받은 베드로는 예수님께서 승천하신 이후에 어떤 다른 길로 변질되어 방향이 바뀌지 않고 끝까지 복음 중심의 삶을 살았습니다.

시몬 베드로가 대답하여 가로되, "주는 그리스도시요 살아 계신 하나님의 아들이시니이다." (마태복음 16:16)

베드로가 이 신앙고백을 했을 때에, 예수님께서는 베드로에게, "바요나 시몬아, 네가 복이 있도다. 이를 네게 알게 한 이는 혈육이 아니요 하늘에 계신 내 아버지시니라"(17절)라고 격려해 주셨고, 그 신앙을 가진 베드로에게 그의 이름이 베드로라는 것을 상기시켜 주셨습니다(18절). 베드로는 시므온(히브리어), 시몬(헬라어), 게바(아람어), 베드로(헬라어) 등 여러 이름이 있었습니다. 그 이름들 중에 게바나 베드로는 바위라는 뜻인데, 그 바위와 동일한 의미인 반석 되신 예수 그리스도의 기초 위에 자기 교회를 세우신다고 말씀하시며 이 교회는 음부의 권세가 이기지 못할 것이라(18절)는 놀라운 축복을 베드로에게 말씀해 주셨습니다. 이 말씀은 겉으로 듣기에는 베드로 개인에게 준 특권인 것처럼 들릴 수 있으나,

이 반석은 같은 의미를 가지고 있는 베드로의 이름을 인용하신 것일 뿐이지 사실은 예수님을 의미하는 것입니다(로마서 9:33, 고린도전서 10:4). 헬라어로 베드로는 반석이라는 뜻인데, 베드로 자신도 스스로 자기 이름의 의미와 같은 반석이 곧 예수님이심을 아주 정확하게 알고 있었습니다(베드로전서 2:4-8). 그러므로 베드로는 결코 자기가 교회의 반석이라고 주장하거나 가르치지 않았습니다.

> **그러므로 믿는 너희에게는 보배이나 믿지 아니하는 자에게는 건축자들의 버린 그 돌이 모퉁이의 머릿돌이 되고. (베드로전서 2:7)**

건축자들은 사람이 기존 규격대로 반듯하게 다듬은 돌을 원합니다. 그래야 쉽게 서로 붙여 쌓을 수가 있기 때문입니다. 그런데 열심히 건축 일을 하면서 쳐다보지도 않고 그냥 손을 뻗어 돌을 잡아 보았는데, 반듯한 돌이 아닌 불규칙하게 생긴 자연석(산 돌)이 손에 잡히면 어떻게 하겠습니까? '뭐, 이런 것이 손에 잡혀?' 하고 한 쪽으로 던져 버립니다. 그런데 건축에 쓸 데가 없다고 버린 그 돌이 바로 예수님이셨습니다. 세상 사람들, 세상 건축자들 보기에 예수님께서는 산 돌이었습니다. 그래서 그 돌은 아무 곳이나 버려져 있다가 그곳 건축자들에게 부딪히는 돌이 되고 거치는 반석이 되었습니다(이사야 8:14, 마태복음 21:42). 그런데 하나님께서는 그 돌을 교회의 머릿돌이 되게 해주셨으며(사도행전 4:11, 마태복음 21:42), 또한 반석이 되게 해주셨습니다(베드로전서 2:7-8, 고린도전서 10:4, 로마서 9:33). 이것이 "우리 눈에 기이한 바로다"라고 시편 118:22-23에 기록하고 있습니다.

사도 바울도, "다 같은 신령한 음료를 마셨으니 이는 저희를 따르는 신령한 반석으로부터 마셨으매 그 반석은 곧 그리스도시라"(고린도전서 10:4)라고 하였습니다. 곧 그리스도가 반석이지 베드로를 반석이라고 말하고 있는 것이 아닙니다. 그 반석 위에, 즉 그리스도의 기초 위에 교회를 세우는 것입니다(에베소서 2:21-22).

하나님의 건축 방법은 다르다는 것을 우리가 배워야 합니다. 우리의 삶도 세속적 가치의 규격에 맞게 다듬어진 돌이 아니라 믿음으로 말미암아 자연석과 같은 모습으로 이 세상을 살아야 합니다. 베드로전서 2:9에 보면, 이렇게 세워 주신 몸 된 교회 안에 있는 우리 각 사람에 대하여, "오직 너희는 택하신 족속이요 왕 같은 제사장들이요 거룩한 나라요 그의 소유된 백성이니, 이는 너희를 어두운 데서 불러내어 그의 기이한 빛에 들어가게 하신 자의 아름다운 덕을 선전하게 하려 하심이라"라고 하였습니다. 믿음으로 말미암아 우리도 신 돌같이 새롭고 신령한 집으로 지어지는 놀라운 신분(베드로전서 2:5)이 되었으며, 그 후의 우리의 삶은 그리스도의 아름다운 덕, 바로 십자가의 복음을 전하는 직분을 갖게 된 것입니다.

예수님께서는 또 마태복음 16:19에서, "내가 천국 열쇠를 네게 주리니, 네가 땅에서 무엇이든지 매면 하늘에서도 매일 것이요, 네가 땅에서 무엇이든지 풀면 하늘에서도 풀리리라"라고 베드로에게 말씀하셨습니다. 우리는 그 앞의 18절에서 말씀하신 '반석'이 베드로가 아니라 바로 예수님을 의미하는 것이라는 것을 확신할 뿐만 아니라, 또한 이 19절에서 '천국 열쇠를 네게 주리라'라고 하신 의미가 무엇인지도 올바로 이해할 필요가 있습니다. 베드로는 그 말씀을 올바르게 이해했습니다. 베드로는 자기를 통해야만 천국에 간다고 생각하지 않았습니다. 오히려 베드로는, "다른 이로서는 구원을 얻을 수 없나니 천하 인간에 구원을 얻을 만한 다른 이름을 우리에게 주신 일이 없음이니라"(사도행전 4:12)라고 하였습니다. 베드로가 성령 충만한 가운데서(사도행전 4:8), 다른 이로서는 구원을 얻을 수 없다고 한 것은 곧 예수님만이 구원의 길임을 강조하여 말하는 것입니다. 바울도 디모데전서 2:5에서 하나님과 사람 사이의 중보도 오직 한 분 예수 그리스도이심을 말씀하였습니다. 이는 우리에게 놀라운 은혜의 소식이 되는 복음인 것입니다. 그러므로 천국 열쇠는 바로 예수님을 통해서만 천국에 갈 수 있음을 전하는 복음, 곧 예수님을 믿게 하는 복음입니다. 베드로는 복음을 사명으로 받은 것이며, 우리도 그와 마찬가지로 복음을 사명으로 받았기 때문에 믿는 우리가 다 천국의 열쇠를 가지고 있는 것입니다. 그러므로 우리의 복음 전하는 일은 모든 그리스도인에게 주어진 영광스러운 사명이고 특권입니다(고린도후서 5:18-20, 사도행전 1:8, 사도행전 10:42-43, 마태복음 28:18-20, 마가복음 16:15, 디모데후서 4:2,5, 베드로전서 3:15).

이 복음의 천국 열쇠로 하늘나라의 문을 열어서 다른 사람들로 하여금 들어오도록 하는 사명을 따라 사는 것이 바로 생명의 복음을 전하는 그리스도의 제자의 삶입니다. 베드로는 이렇게 예수님을 통해서 복음 중심으로 사는 삶, 예수 그리스도 중심의 사역을 하는 훈련을 잘 받았습니다. 그것에 대해서 우리 각자가 적용할 것이 무엇인지, 우리 각자가 가지고 있는 복음 전하는 사명을 어떻게 성취해 나가야 하는지에 대해 깊이 있게 생각해 보고 이 면에서 헌신적인 훈련을 받아야 하겠습니다.

8. 온 가족이 주님의 제자로 살도록 돕는 삶의 훈련

예수께서 베드로의 집에 들어가사 그의 장모가 열병으로 앓아누운 것을 보시고 그의 손을 만지시니 열병이 떠나가고 여인이 일어나서 예수께 수종 들더라. (마태복음 8:14-15)

베드로는 장모님을 모시고 살고 있었습니다. 그런데 그 장모가 열병으로 앓아눕게 된 적이 있었습니다. 예수님께서 마침 오셔서 그를 고쳐 주셨습니다. 그런데 놀라운 것은 그 장모님이 열병이 낫자마자 예수님께 수종 들었다는 것입니다. 아마 그가 수종 든 것은 음식 접대를 하는 것 같은 일이었으리라 생각되는데, 예수님뿐만 아니라 그곳에 모인 다른 많은 사람들까지도 대접을 했을 것입니다.

그럴 때 열병이 떠나가자마자 일어나서 섬기는 것을 그대로 묵인하고 그대로 하게 두시는 예수님께 베드로는 "저의 장모님이 열병을 앓다가 일어났는데, 먼저 좀 푹 쉬라고 말씀해 주십시오!" 하고 요청하지 않았습니다. 예수님께서 낫게 해주시는 것은 세상 의사가 병 고치는 것처럼 낫기는 하였어도 기력이 회복되기까지는 오랫동안 더 쉬어야 하는 그런 정도의 치료가 아니었습니다. 베드로는 예수님께서 자기 장모님의 병을 겨우 낫게 해주신 것이 아니라 기력까지 정상적인 수준으로 완전하게 회복시켜 주신 것을 믿은 것 같습니다. 그래서 낫자마자 즉시 손님들을 대접하고 섬기는 장모에 대해 다른 어떤 의견이나 반응이 없었던 것 같습니다.

베드로는 그의 장모도 이렇게 잘 섬기는 삶을 살았을 뿐만 아니라, 늘 아내도 함께 동반하여 다니면서 선교를 하였습니다. 그것은 사도 바울이 고린도전서 9:5에서, "우리가 다른 사도들과 주의 형제들과 게바와 같이 자매 된 아내를 데리고 다닐 권이 없겠느냐?"라고 한 말씀에서 알 수 있습니다. 그래서 베드로는 장모, 아내, 그 다음에는 현재 그 명단을 정확히 알 수는 없어도 틀림없이 온 가족이 다 예수님을 섬기는 그러한 삶을 살고 있었다고 생각됩니다. 이 구절을 잘 살펴보면, 베드로뿐만 아니라 다른 사도들에 대하여도 이렇게 표현하고 있고, 또 예수님의 육신의 형제들까지 아내와 함께 선교에 동참한 것을 볼 수 있습니다. 베드로는 '내가 혼자 주님의 제자로 잘 따르되, 가족의 대표로 그렇게 하고, 나머지 가족들은 나처럼 살지 않아도 된다' 하지 않았습니다. 장모와 아내를 비롯하여 모든 가족이 함께 제자의 삶을 살았으며, 베드로뿐만 아니라 당시의 다른 제자나 사도들 및 예수님의 육신의 형제들의 가족 모두가 다 이 선교에 함께 동참한 것을 볼 수 있는데, 예수님께서는 제자들을 그 면에서도 훈련하신 것입니다. 온 가족이 선교

중심으로 살도록 도우신 것을 알 수 있습니다.

결혼한 사람들은 자녀들도 있고 부모님과 장인 장모님도 계실 텐데, 그분들 모두를 예수님의 제자로 살도록 하는 것이 주님의 훈련 목적 중 하나인 것을 안다면, 이제부터 우리 각자의 가족 한 사람 한 사람도 제자의 삶을 살도록 돕는 훈련을 받고 그런 믿음을 가져야 합니다.

지금까지 예수님께로부터 직접 어느 누구보다도 강한 훈련을 받으며 거룩하고 아름다운 동행을 한 베드로에 대해 살펴보았습니다. 이 교훈들을 한 번 읽은 것으로 끝내지 아니하고 다시 깊이 묵상하는 가운데 자기 수준을 돌아보고 어떤 변화가 있어야 할 것인지 생각해 보아야겠습니다. 그리고 한 걸음이라도 더 가까이서 주님과 아름다운 동행을 하며 베드로가 받은 훈련들을 각자의 삶에서도 잘 적용하고 순종하여 배우게 되길 바랍니다.

거룩하고 아름다운 동행

2016년 5월 25일 초판 1쇄 발행

펴낸곳: 네비게이토 출판사 ©
주소: 03784 서울시 서대문구 연희로 16 (창천동)
전화: 334-3305(대표), 334-3037(주문), FAX: 334-3119
홈페이지: http://navpress.co.kr
출판등록: 제10-111호(1973년 3월 12일)
ISBN 978-89-375-0518-8 03230